Pour lire
Jacques Lacan

Du même auteur

Le Manteau de Noé
Essai sur la paternité
Desclée de Brouwer, 1991 (3ᵉ édition)

Malaise dans la psychanalyse
(avec Christian Hoffmann et Moustapha Safouan)
Arcanes, 1995

L'Étrange Jouissance du prochain
Éthique et psychanalyse
Seuil, « La Couleur des idées », 1995

La Féminité voilée
Alliance conjugale et modernité
Desclée de Brouwer, 1997

Tu quitteras ton père et ta mère
Aubier-Flammarion, 2000
et « Champs », 2002

Psychose, perversion, névrose
La lecture de Jacques Lacan
Erès, 2000

« Tu quitteras ton père et ta mère »
Aubier, 2000
et Flammarion, « Champs », 2002

La Psychanalyse et le Religieux
Freud, Jung, Lacan
Cerf, 2008

Philippe Julien

Pour lire
Jacques Lacan

Le retour à Freud

E. P. E. L.

La première édition de cet ouvrage
a paru en 1985 aux éditions Erès à Toulouse,
puis a été suivie d'une nouvelle édition, en 1990,
aux éditions E.P.E.L. sous le titre
Le Retour à Freud de Jacques Lacan.
L'application au miroir.

ISBN 978-2-02-022864-0
(ISBN 2-908855-01-1, publication de 1990)

© E.P.E.L., 29, rue Madame, 75006 Paris, 1990

A ceux dont la passion qui du vrai les brûla
a fait d'eux une proie des chiens de leurs pensées.

Sommaire

Introduction

Résumant ce que fut son enseignement, Lacan avouait un jour, peu avant sa mort : « Je suis un traumatisé du malentendu. Comme je ne m'y fais pas, je me fatigue à le dissoudre. Et du coup, je le nourris » (10 juin 1980).

Passant son temps à l'entretenir, il fut un clinicien passionné par la paranoïa, au risque de laisser croire qu'un coup de folie vaut mieux qu'une triste névrose. Il fut un déchiffreur d'énigmes relisant le texte de Freud, au risque de laisser croire que tout est en Freud, s'il est bien lu. Il fut un magicien du verbe et un homme de la lettre, au risque de laisser croire que l'analyse est une suite de gags. Il fut un chercheur rigoureux et précis, se soumettant aux contraintes scientifiques, au risque de laisser croire que la psychanalyse est une science ou elle n'est pas. Il fut un pédagogue amoureux des jeunes et appelant les derniers venus à se manifester, au risque de laisser croire que manifester, c'est mettre dehors les premiers.

Or, dénoncer le malentendu n'est pas le dissoudre. Le 19 avril 1970, voulant mettre les points sur les i, il déclarait : « Ce qu'il me faut bien accentuer, c'est qu'à s'offrir à l'enseignement, le discours psychanalytique amène le psychanalyste à la position du psychanalysant, c'est-à-dire à ne produire rien de maîtr-isable, malgré l'apparence, sinon au titre de symptôme » [1].

Mais, il ne suffisait pas qu'il le dise pour qu'il en fût réellement ainsi. Ses auditeurs ont entendu sa parole autrement. Telle est exactement ce que Lacan appellera la « raison d'un échec » : échec d'un enseignement et par là de l'Ecole qu'il avait fondée sur celui-ci.

Comment s'en étonner ? C'est par la bévue du malentendu que l'inconscient nous fait entrevoir quelque peu le réel. Et alors,

---

1. Revue *Scilicet* 2/3, Paris, Seuil, 1970, p. 399.

l'analyse peut y trouver sa fin, soit remplacer le malentendu hérité de nos ancêtres par un autre, celui de l'écart entre le dire-vrai et le réel. A une condition : recueillir ce qui de la parole a effet d'écrit, en tant que c'est de la parole que l'écrit se fraye une voie.

Passer à l'après-Lacan

Cette condition est la nôtre aujourd'hui, situés que nous sommes dans l'après-Lacan. Qu'est-ce à dire ? Non pas simplement : il y a Freud, puis Lacan, puis l'après-Lacan. Cette successivité de l'ordre chronologique ne convient pas. Il ne suffit pas que Lacan ait fait silence et interrompu son enseignement pour que, quant à nous, nous soyions en ce troisième temps de l'après-Lacan. Ce n'est pas un temps linéaire, inéluctable. Cet après-Lacan est à établir par une position subjective qui ne va pas de soi, comme d'être bon gré mal gré en 1985.

La condition de cette opération est de reconnaître que depuis la mort de Lacan, nous sommes désormais dans un *temps d'oubli*. Ce n'est pas que nous ayions perdu la mémoire. Mais c'est désigner ceci : Lacan a voulu accomplir un retour à Freud. C'était, comme il le disait, son « mot d'ordre ». Or, ce retour à Freud a nécessité sa présence constante par son enseignement de 1951 à 1980, présence hebdomadaire, puis bi-mensuelle. Il y a là nécessité de relation du dire à ce qui est dit, nécessité qui jusqu'à ce jour est intrinsèque à la psychanalyse et à sa transmission. De même qu'il n'y a pas de psychanalyse sans qu'il y ait du psychanalyste, ainsi pas de retour à Freud *par* Lacan sans sa parole maintenue pour soutenir, reprendre, rectifier, confirmer, développer le sens de ce retour à Freud. Ceci, par son enseignement et par les quelques ultimes et brèves communications qu'il a données à partir de 1980 : derniers rappels sur ce qu'est et ce que fut la psychanalyse pour lui, par exemple dans sa différence avec la religion ou dans ce qu'il en est de la jouissance féminine.

Ainsi, la nécessité de cette présence fait que la mort de Lacan frappe d'un oubli son retour à Freud. C'est là que peut nous venir à la bouche la dénégation suivante : mais non, mais non, il y a nous, il y a vous, pour poursuivre et prolonger cet

12

enseignement. Deux verbes admirables certes, mais qui ne font que témoigner que passer à l'après-Lacan, nous y résistons de toutes nos forces dans la non-reconnaissance d'un oubli, de cet oubli venant de l'absence du dire de Lacan opérant un retour à Freud.

Quel retour à Freud ?

Or cet oubli, loin d'être accidentel, n'est-il pas constitutif ? Ne permet-il pas justement d'engendrer le passage à l'après-Lacan ? Telles sont les questions qui nous sont posées. Mais les poser, c'est déjà commencer à y répondre par notre travail et notre présence, de sorte que le retour de Lacan à Freud soit énoncé au futur antérieur : il aura été ceci ou cela. Aujourd'hui nous sommes dans le temps d'engendrement de l'« aura été ».

Parler d'oubli constitutif, c'est désigner autre chose qu'une pure perte, une perte sèche, mais une condition d'engendrement. Lacan racontait un jour l'histoire du type qu'on trouve dans une île déserte où il s'est retiré pour oublier. « Pour oublier quoi ? lui demande-t-on — Eh bien, j'ai oublié ! » [2]. Oui, il a oublié ce qu'il avait à oublier. Histoire drôle en effet : voilà un homme qui ne sait pas pourquoi il est là sur son île, à l'image de celui qui reste hébété, abasourdi, stupide, devant la question qui le surprend au saut du lit entre le sommeil et la veille : « Eh ! que fais-tu là sur cette terre, avec ce métier, ce conjoint, ces enfants, ces voisins… ? » Bref, il n'en sait rien. Mais en revanche, ce qu'il a oublié ne l'oublie pas. C'est cela l'hypothèse de l'inconscient : la terre d'où il a émigré colle à jamais à ses semelles.

C'est justement à partir d'une histoire d'émigration vers un continent que Lacan a voulu faire de son retour à Freud, selon ses expressions, un « drapeau » [3] et un « mot d'ordre » de

---

2. J. Lacan, *Le Séminaire*, L.II, Paris, Seuil, 1978, p. 238.
3. Dans la réponse qu'il fit à M. Foucault, lors de la Conférence de celui-ci à la Société Française de Philosophie, le 22 février 1969, sous le titre : « Qu'est-ce qu'un auteur ? », Lacan lui dit : « Le retour à Freud c'est quelque chose que j'ai pris comme une espèce de drapeau ». On peut trouver le texte du compte rendu de la séance dans la revue *Littoral*, n° 9, La discursivité.

« renversement »[4] du freudisme pour renouer avec Freud. Ce programme, il s'en est fait l'annonciateur à plus de cinquante ans, dans une conférence donnée à Vienne, la ville de Freud, le 7 novembre 1955 sous le double titre : « La chose freudienne ou sens du retour à Freud en psychanalyse ».

En ce « lieu éternel de la découverte de Freud », Lacan nomme de ce nom de scandale symbolique le fait que la plaque qui désigne la maison où Freud vécut fut apposée sur l'initiative de ses concitoyens et non pas de l'I.P.A.[4 bis] à qui il avait confié la garde de son œuvre. Mais cet oubli de l'institution analytique n'est que le signe d'un autre ; car il vient de ceux qui en fuyant le nazisme quittèrent l'Europe *via* Londres ou Paris à partir de 1936 pour s'arrêter enfin aux U.S.A.

Ainsi Lacan, évoquant son propre passé de jeune psychiatre parisien des années trente, pouvait dire : « Tocsin de la haine et tumulte de la discorde, souffle panique de la guerre, c'est sur leurs battements que nous parvient la *voix* de Freud, pendant que nous voyons passer la diaspora de ceux qui en étaient les porteurs et que la persécution ne visait pas au hasard ».

Les émigrés en voulant s'assimiler à tout prix à la culture américaine oublièrent l'un avec l'autre, le message freudien et leur propre passé culturel et politique d'Européens, passé qui véhiculait ce message. En effet, le prix de cet oubli fut d'abandonner la fonction de la psychanalyse en tant qu'elle se fonde sur la remémoration et la restitution à l'homme du passé d'où est né : sa modernité du vingtième siècle. La naissance du désir-de-l'analyste ne peut surgir sans soumission à son histoire individuelle et collective et sans se faire la dupe de son inconscient de la bonne façon, sans amour ni haine.

Cette rupture d'avec le passé amena ces « oiseaux migrateurs » à se vouloir différents de leurs collègues européens, puis prenant après-guerre leurs places à l'I.P.A. qui les avaient recueillis, à faire don en retour à l'Europe de l'*Ego-psychology*. Bel exemple d'aller et de retour : sans le savoir, leur réponse à la persécution fut de l'ordre de la promotion d'un moi fort et la stratégie de l'effondrement des défenses de l'analysant. En effet, l'incons-

---

4. J. Lacan, *Ecrits*, Paris, Seuil, 1966, p. 402.
4 bis. *International Psychoanalytic Association*.

14

cient n'oublie pas. Pas de dedans psychique sans rapport à un dehors culturel et politique.

Or, qu'est-ce que Lacan répond à cela en 1955 ? Que dit-il en cette ville dont Freud se considérait citoyen à part entière ? Des effets de cet effacement de Freud et de l'Europe, corrélatif du refoulement des mauvais souvenirs, « nous n'avons, dit-il, à nous en prendre qu'à nous ». Il n'y a pas à se plaindre de cet oubli ; sous-entendez en particulier : de celui de son propre analyste, Rudolph Loewenstein qui quitte Paris en 1942 pour les U.S.A. où avec Kris et Hartmann il forma la troïka des nouvelles perspectives en psychanalyse. Il n'y a pas à s'en plaindre, mais au contraire à tenir compte de cet oubli en s'appuyant sur les *effets* engendrés par celui-ci, pour revenir au sens de la découverte freudienne. Et comment donc ? en les explicitant.

Autrement dit, l'oubli de la génération précédente n'est pas sans retour du refoulé ; c'est donc en prenant appui sur ce retour même comme antithèse de la découverte de Freud, que celle-ci peut être explicitée présentement, maintenant que Freud n'est plus là pour la préserver « par sa seule présence ». Tel est le dessein de Lacan d'un retour à Freud : une *Auf-hebung* suivant le sens du préfixe dé- dans les verbes français ; disons ici : dé-boulonner la statue et le statut du moi de l'analyste post-freudien.

Quelle lecture de Freud ?

Comment définir l'opération de ce dessein ?

1. Prendre le texte freudien dans son ensemble comme un *dire* de Freud adressé, au-delà de sa mort, aux analystes et aussi à tous ceux parmi les non-analystes qui dans la culture ont souci des exigences de la communicabilité scientifique.

2. Prendre le texte freudien comme un dire-vrai, c'est le recevoir comme une parole qui nous interroge et appelle une réponse. Comment nous interroge-t-elle ? Par ce qui est marqué en creux, en absence, en lacune dans le texte même. En effet, parce que le sens de la découverte de Freud est celle de

l'inconscient, il ne s'épuise pas dans le compte rendu clinique ou métapsychologique qu'il en donne : « Le champ dont Freud a fait l'expérience dépassait les avenues dont il s'est chargé de nous y ménager, et (...) son observation qui donne parfois l'impression d'être exhaustive, était peu asservie à ce qu'il avait à démontrer »[5]. Cet écart en lui est appel et convocation à un « retour ». Bref, le texte ne dit pas tout, et c'est de là qu'il nous interroge bien plutôt que nous l'interrogeons.

3. Prendre le texte ainsi, c'est l'obliger à répondre *lui-même* aux questions qu'il pose, par une exégèse, par l'acte de « faire sortir » (ex-ègesis) de ce texte un texte autre[6]. C'est le prendre dans sa dimension de transfert au sens premier de Freud, c'est-à-dire de changement de lieu d'inscription comme pour un virement bancaire. Autrement dit : il y a à lire le texte freudien non seulement comme texte analytique, mais analytiquement, selon les procédures et les règles d'inscription de l'inconscient.

C'est ce que Lacan appelle le commentaire *littéral* : « se laisser conduire par la lettre de Freud jusqu'à l'éclair qu'elle nécessite sans lui donner d'avance rendez-vous, ne pas reculer devant le résidu, retrouvé à la fin, de son départ d'énigme, et même ne pas se tenir quitte au terme de la démarche de l'étonnement par quoi l'on y a fait entrée »[7]. Raison de structure pour la seule raison que la vérité qui parle sous ce nom de formation de l'inconscient donné par Freud, est en stricte dépendance de la lettre du langage.

4. Lire ainsi le texte freudien en lui donnant une suite de transformations, c'est instituer un *écart* entre l'acte de Freud nous donnant son message et le champ que Lacan ouvre et limite en même temps par une nouvelle écriture. Cette hétérogénéité qu'est l'écart instauré par le retour même, il s'indique, il s'indexe par la distinction des noms propres : retour à *Freud* de *Lacan*. Deux noms propres. En effet, cette nouvelle écriture s'élabore et se maintient par la présence physique d'un analyste, parlant et écrivant de son nom de Lacan.

5. *Op. cit.*, p. 404.
6. *Ex-ègesis* : Freud dit *Auslegung* : poser par ex-traction. Il n'y a pas de *Deutung* sans *Auslegung*.
7. J. Lacan, *Ecrits*, Paris, Seuil, 1966, p. 364.

Ces quatre points définissent une procédure. Mais ce qui nous détermine aujourd'hui, c'est ce que chacun d'entre eux *implique* : le retour à Freud de Lacan est *lui-même* freudien. Ce retour est-il lui-même freudien ? Là est le décisif de ce qui nous concerne aujourd'hui.

Un retour freudien

En janvier 1964, Lacan reprend son enseignement. Celui-ci a été interrompu fin novembre 63 à Sainte-Anne ; il n'a pu donner le séminaire intitulé « Les Noms du Père » pour des raisons institutionnelles, raisons qu'il épingle ce jour-là, en cette unique rencontre, du nom d'« ecclésiales ». Le voilà donc seul, hors institution, « excommunié » comme il dira plus tard.

Or, quand il reprend ailleurs son enseignement, comme chargé de conférence à l'Ecole pratique des Hautes Etudes, en janvier 1964, il place au milieu de ce nouveau séminaire intitulé « Les quatre concepts fondamentaux de la psychanalyse », ce qui s'appellera lors de sa transcription un chapitre : une séance sur la présence de l'analyste. Ce jour-là, le 15 avril, que dit-il ?

J'ai voulu faire autrefois, dix ans avant, par mon rapport de Rome « une *nouvelle alliance* avec le sens de la découverte freudienne » [8]. Ce n'est pas rien de dire cela ; le retour à Freud, il lui donne un nom : une nouvelle alliance. Dans l'ecclésial on appelle cela un nouveau Testament après l'ancien Testament. Une nouvelle alliance donc par le rapport de Rome : « Fonction et champ de la parole et du langage ». Or, qu'avance-t-il plus de dix ans après ? Ce qui est constitutif de ce renouvellement d'une alliance avec la découverte de Freud, ce qui fait qu'il y a renouvellement, c'est que cette rencontre est *ratée* et le rendez-vous *manqué*, bref, que cette alliance ne fait pas lien, en latin *re-ligio* ; elle ne fait pas religion.

L'alliance est manquée, non pas pour une raison accidentelle, toujours dépassable, non pour une raison d'impuissance personnelle du psychanalyste jugé incapable par rapport à une puissance possible. Mais, elle est manquée parce que le champ

---

8. J. Lacan, *Le Séminaire*, livre XI, Paris, Seuil, 1973, p. 115-6.

ouvert par Freud est celui de l'inconscient, c'est-à-dire un champ qui de sa nature se perd, et qui à peine ouvert se referme. De l'inconscient même il résulte en effet une discordance irréductible entre le compte rendu de l'expérience analytique et l'expérience elle-même.

C'est en cela même, en ce que la nouvelle alliance de Lacan avec la découverte de Freud est une non-alliance que pour nous aujourd'hui le retour à Freud de Lacan aura été *freudien*, tout uniment freudien, qualifiable de ce terme, de nul autre et certainement pas lacanien.

Il aura été freudien pour nous - futur antérieur - en ce sens que ce ratage n'est pas n'importe quel ratage, mais un ratage spécifique *maintenu* et *nommé*. Or, comment donc maintenu et nommé, si ce n'est par la présence de Lacan se faisant témoin de ce ratage par sa parole, manifestant par sa présence qu'il y a perte et comment s'articule cette perte ?

C'est en ce sens qu'il a pu dire ce jour-là que « la présence du psychanalyste, par le versant même où apparaît la vanité de son discours, doit être *incluse* dans le concept de l'inconscient » [9]. Incluse : par là Lacan s'identifie au symptôme qu'est la psychanalyse. N'est-ce pas cela la fin de la didactique : se désapproprier de son symptôme pour en faire la métaphore de celui de la psychanalyse ? Question à reprendre.

Lacan s'identifie au symptôme de la psychanalyse dite freudienne, en intervenant publiquement dans le conflit par son enseignement, en s'impliquant dans le discord entre tout compte rendu de l'expérience analytique et celle-ci en tant que telle, de telle sorte que manifestant en quoi la cause de l'inconscient est foncièrement une cause perdue, il lui donne la seule chance de la gagner.

La seule chance de réouvrir l'inconscient est de nommer en quoi il se ferme. C'est en cela que le retour à Freud de Lacan aura été lui-même *freudien*. C'est sur ce point maintenant, après le silence de Lacan, que par notre présence nous manifestons que ce retour a été freudien ou non.

---

9. *Loc. cit.*, p. 116.

En effet, tant que Lacan était là ce retour s'accomplissait. Nous employons l'*imparfait*. Lacan a insisté sur cet étrange imparfait : un instant plus tard, la bombe éclatait. Nous pouvons l'entendre comme une description temporelle et objectivée : il y a d'abord ceci, puis un instant plus tard, l'éclatement d'une bombe. Ou au contraire, comme une éventualité imminente : ah ! si je n'avais pas enlevé le détonateur, alors... un peu plus... mais elle n'a pas éclaté ! Dans le deuxième cas, vous vous situez subjectivement à l'intérieur d'une temporalité vécue.

Le retour à Freud s'accomplissait : de quel imparfait s'agit-il ? Aujourd'hui seulement, il devient possible de lever l'indétermination en le transformant en un futur antérieur par un *dire*, *le* dire de ce qu'il aura été pour nous.

Il ne s'agit plus de ce qui s'accomplissait peu à peu au jour le jour *avec* Lacan, d'un retour à Freud : il n'y a plus d'avec Lacan. Il s'agit désormais de dire ce qu'est pour nous le retour à Freud non plus avec Lacan, mais *de* Lacan. Or, cela dépend de notre dire. De lui découle que ce retour soit lui-même freudien, c'est-à-dire une alliance ratée, non pas de n'importe quel ratage, mais de celui même de l'inconscient freudien en tant que la cause inconsciente « est une fonction de l'impossible sur quoi se fonde une certitude » [10].

Tel est le point de départ de notre frayage : dire l'impossible, soutenir l'interdiction qui constitue le retour à Freud de Lacan comme certitude. Sans ce dire de l'interdit en effet, s'instaurent l'oubli actuel de l'alliance de Lacan avec Freud en tant que manquée et l'incertitude subjective qui découle de cet oubli.

Un double tour

Pour l'édition de ses *Ecrits* en 1966, Lacan a écrit cinq avant-propos qui sont en fait des après-propos. Dans l'un deux intitulé « *D'un dessein* », il définit le sens de son retour à Freud « de tenir à la topologie du sujet, laquelle ne s'élucide que d'un second tour sur elle-même. Tout doit être redit sur une autre

---

10. *Loc. cit.*, p. 117.

face pour que se ferme ce qu'elle enserre, qui n'est certes pas le savoir absolu, mais cette position d'où le savoir peut renverser des effets de vérité. Sans doute est-ce d'une suture un moment en ce joint pratiquée, que s'est assuré ce que de science absolument nous avons réussi »[11] :

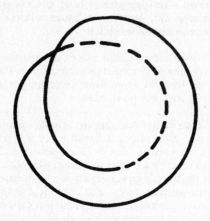

Le re-tour est un double tour. Il exclut par là premièrement la sphère de l'unique tour, et deuxièmement la spirale qui ne se ferme pas, qui est sans suture. Double négation.

1) *Une progression*

La première forme de l'oubli est de réduire le retour de Lacan à Freud à un simple tour, soit à une alliance réussie. Freud nous a laissé des apories, par exemple sur la fin de l'analyse, sur le moi et le sujet de la connaissance, sur le rapport du surmoi comme héritier de l'Oedipe à la conscience morale, sur la sexualité féminine, etc. Lacan, en répondant aux questions laissées en

11. J. Lacan, *Ecrits*, Paris, Seuil, 1966, p. 366.

suspens, aurait prolongé ce que Freud n'a fait qu'inaugurer et l'aurait enfin accompli et dépassé. Bref, Lacan serait le retour *de* Freud et aurait ainsi rendu inutile le texte freudien en ses lacunes en le *remplaçant* par un texte sans lacunes. Telle est la position de celui pour qui la psychanalyse aujourd'hui ce serait Lacan ou rien, puisqu'avec Lacan pour la première fois elle ferait théorie au sens antique, c'est-à-dire sphère, sphère qui illumine la pratique en l'incluant en elle. Il ne nous resterait donc qu'à lire le texte lacanien et à laisser le texte freudien, puisque le premier aurait intégré le second.

2) *Une régression*

A cette conception progressiste s'oppose une deuxième forme actuelle de l'oubli qui fait du retour un deuxième tour dont la ligne reste suspendue, sans possibilité de suture.

Le texte freudien faisait dans le freudisme cercle fermé, savoir acquis : Lacan l'aurait ouvert par ses questions, mais pour le laisser béant. Retour séduisant, qui relance la recherche indéfiniment, mystiquement, et s'y complaît. Il s'agirait donc contre tout dogmatisme de revenir à Freud après Lacan et de *tout* remettre en jeu.

Dans la religion on appelle cela le retour aux sources, «*fons et origo* ». Au fondement de la psychanalyse il y a l'expérience originelle de la personne de Monsieur Sigmund Freud : là *tout* est contenu. Mais, en écrivant cette expérience dans un texte, Freud a passé sa vie à la traduire et donc à la trahir. Il lui faut donc continuer à écrire jusqu'à son dernier souffle. Et Lacan à son tour, par son propre tour, prend le relais de tourner autour de cette expérience première sans l'atteindre jamais, *en une spirale sans fin*. Ainsi, si le retour à Freud de Lacan est une alliance manquée, ce ne serait pas en raison de l'objet de la découverte de Freud, soit l'inconscient, mais parce que la trouvaille de Freud demeure cachée dans ses pensées : en ce lieu des pensées de Freud dans le passé. Lacan aurait donc raté son retour en disant : je ne cherche pas je trouve, et en voulant suturer la double boucle. C'est pourquoi, par delà Lacan, nous aurions à renouveler la psychanalyse en ouvrant encore la recherche sur l'origine de la psychanalyse : l'amour de Freud

21

pour Fliess, amour qui aurait fait merveille en engendrant les *pensées* du fondateur de la psychanalyse, ou à l'inverse, handicap sérieux pour la psychanalyse venant d'un amoureux qui ne s'adressant pas à un analyste n'aurait pu analyser son transfert ; la psychanalyse serait née d'un *acting-out*.

Mais, bonne ou mauvaise chance, de toute façon ce serait notre destin et nous aurions donc aujourd'hui dans l'après-Lacan à revenir à la source du texte freudien qu'est l'expérience de Freud, et ceci dans l'espoir de pouvoir à partir de là faire un bilan : juger enfin en quoi Lacan a raté l'alliance et rencontré son impasse.

Or, cette deuxième conception - conception régressive - du retour repose sur ce présupposé : un savoir est déjà là dans le passé, trouvé par Freud, et sa perte nous condamne à en renouveler sans cesse la signification par une recherche toujours ouverte, soit une herméneutique.

Ainsi, aujourd'hui, le retour à Freud de Lacan se présente sous la figure soit de la sphère, soit de la spirale, ceci dans la mesure où pour nous il n'est pas vraiment freudien. Tout au contraire, faire qu'il *aura été* freudien, c'est par notre dire engendrer ce double tour fermé, ce huit intérieur qui lu à trois dimensions instaure un espace vide, un écart spécifique entre le premier et le deuxième tour. Cet écart spécifique, aujourd'hui le désir-de-l'analyste - si analyste il y a - à la fois l'instaure et s'y inscrit dans la manifestation que le retour de Lacan est lui-même freudien.

Telle est notre tâche maintenant dans cette passe, c'est-à-dire ce passage à opérer à l'après-Lacan, de sorte que l'impossible, c'est-à-dire la double exclusion de la sphère et de la spirale, détermine pour nous une certitude.

Tout l'écrit

Cette tâche se situe aujourd'hui en un moment tout à fait nouveau par rapport à l'enseignement de Lacan. Tant qu'il fut soutenu par sa *voix*, ses auditeurs furent touchés à *telle ou telle* période de ce long frayage. C'est ainsi que s'engendrèrent

22

plusieurs générations d'élèves, chacune différente et fixée à ce qui lui apparaissait être le vrai Lacan. Pour la première fois, avec le silence de cette voix, il devient possible de lire, de déchiffrer cet enseignement en son texte, et pour cela de le prendre en son entier, de 1932 (date de la thèse de doctorat) à 1981.

Ainsi, l'auditeur devenu lecteur peut se rendre compte que chaque parole transcrite, chaque écrit publié doit nécessairement être daté, sous peine de ne pouvoir être lu. Cet enseignement se répartit en effet suivant diverses périodes à bien distinguer. Se refuser à cette historisation, c'est se condamner à dénoncer des contradictions là où il n'y en a pas, ou à vouloir les justifier comme de fécondes antinomies.

Plus radicalement, la situation dans laquelle nous sommes, de pouvoir prendre cet enseignement historiquement en sa totalité, permet enfin de mette en évidence *où* est la butée du frayage freudien de Lacan. Elle n'est pas en amont, comme cela a été tenté bien souvent, mais en aval. Le parti que prend ce livre sur le retour à Freud de Lacan est de montrer une de ces butées-là, contre laquelle Lacan n'a cessé de se cogner la tête.

Il part de la première rencontre de Lacan avec le texte freudien dès 1932, soit de ce qu'il nommera de son nom d'*imaginaire*. De cette marque originelle s'engendre ensuite par une application au miroir une élaboration qui la répète selon différentes formes, dont la dernière, parce que topologique, présente et qualifie la consistance du texte freudien.

L'enjeu n'est pas de faire un bilan, mais de montrer la portée d'un *autre imaginaire*, autre que celui de la deuxième topique de Freud. C'est par cette nouveauté que s'instaure cet écart spécifique entre le premier et le deuxième tour de la boucle du retour. Plus encore, nous verrons comment cet imaginaire chez l'analysant en fin de parcours est déterminant quant à la naissance en lui du désir-de-l'analyste.

Première partie

l'ombre de Freud

Chapitre un

le mal d'être deux

Quelle fut la première rencontre de Lacan avec le texte freudien ? Elle date de 1932, soit de sa thèse de doctorat en médecine, « *De la Psychose paranoïaque dans ses rapports avec la personnalité* »[1]. Elle inaugure une période qui se terminera avec l'invention le 8 juillet 1953 de trois nominations : le symbolique, l'imaginaire, le réel. Ainsi, ce jour là, Lacan appellera après-coup du nom d'*imaginaire* ce qu'il aura lu pendant vingt ans dans le texte freudien.

En cette première rencontre de 1932 à 1953, Lacan n'est pas encore freudien, mais lacanien. Comme ses contemporains qui cherchent à introduire Freud, il fait un choix parmi les textes freudiens ; il ne prend pas *tout* le texte pour interpréter chaque élément par un autre ; mais il cueille en Freud ce qui lui sert. En l'occurrence : la deuxième topique (ça, moi, surmoi). Rien de la première topique et des premiers ouvrages fondamentaux sur les formations de l'inconscient : symptômes, rêves, actes manqués, mots d'esprit.

Or, ces vingt années se différencient en trois étapes :

1) Avec la thèse de 1932, et les pages très denses de 1933 sur les motifs du crime des sœurs Papin[2], Lacan étudie la paranoïa au sens psychiatrique pour montrer qu'elle est une maladie du narcissisme et un de ses avatars. Le pas franchi par lui est de *lier le moi freudien au narcissisme*. Il le franchit en interprétant le moi du texte freudien comme fondement du narcissisme et *non pas* comme principe de connaissance objective, « système

---

1. Paris, Seuil, 1975. La thèse a paru initialement en 1932 chez Le François.
2. L'article « Motifs du crime paranoïaque : le crime des sœurs Papin », paru dans *Le Minotaure*, 3, 1933, a été republié à la suite de la thèse au Seuil en 1975.

perception-conscience », soit « la somme des appareils par quoi l'organisme est adapté au principe de réalité » [3].

2) En 1936, Lacan invente le stade du miroir, le 3 août, au congrès de Marienbad. Par là, il *lie le moi à l'imago*. Le moi a son origine temporelle pour *tout* être humain dans le stade du miroir comme constitution de l'image du corps propre.

3) Après de nombreuses années de silence, Lacan à partir de 1946 fait une relecture de sa thèse sur la folie. Il procède alors à une généralisation en nouant les deux premières étapes par cette avancée décisive : *le moi* (lu comme freudien) *a une structure paranoïaque* [4]. Ainsi, déliant psychose et paranoïa, il lie le moi à la connaissance paranoïaque, au point même de définir la psychanalyse comme : « une induction dans le sujet d'une paranoïa dirigée » [5].

Mais, corrélativement, cette période de 1932 à 1953 se situe en une époque politiquement tourmentée que Lacan n'exclut pas de son analyse. Tout au contraire, depuis son fameux texte de 1938 sur la *Famille* [6], il trouve dans la deuxième topique de Freud le frayage adéquat pour aborder la crise d'identification, que le vingtième siècle a ouvert avec la désagrégation des sociétés occidentales et l'accroissement des effets sociaux de la science et de la technologie.

Le cas Aimée

1932 : Lacan a 31 ans. Jeune psychiatre, il commence son analyse avec Rudoph Loewenstein, et termine la rédaction de sa thèse de doctorat. Or, sa rencontre avec la psychanalyse vient de son intérêt pour la psychose ; à l'inverse de Freud qui découvrit l'inconscient par la névrose, c'est la psychose - et plus précisément la paranoïa - qui le pousse peu à peu à tenir compte de la psychanalyse freudienne. De quelle manière le fait-il ?

3. J. Lacan, *Ecrits*, Paris, Seuil, 1966, p. 178.
4. *Loc. cit.*, p. 114.
5. *Loc. cit.*, p. 109.
6. Publié dans l'*Encyclopédie française*, tome VIII, deuxième partie, section A : *La famille*.

Ouvrons sa thèse. Qu'est-ce que révèle la psychose ? Lacan est frappé par ceci : qu'il y ait déficit intellectuel ou pas du tout, peu importe, la psychose se montre essentiellement comme un trouble mental de la synthèse psychique. Cette synthèse, c'est ce qu'il appelle la *personnalité*. D'où le titre de la thèse : la psychose paranoïaque est une atteinte *de* la personnalité, définie comme effet et manifestation d'un processus de synthèse et d'unification. La psychose paranoïaque introduit l'inverse : une *discordance*.

Deuxième point : Lacan ne se contente pas de définitions du phénomène de personnalité. Il a souci de faits cliniques ; il choisit ainsi un cas pour l'explorer de façon exhaustive et en dégager un type clinique mal reconnu jusque-là. Pas de synthèse solide sans une observation rigoureuse et approfondie et donc limitée à peu de cas concrets ; parti de 40 cas, dont 20 de psychose paranoïaque, il se centre sur un seul, qu'il appelle Aimée, du nom même de l'héroïne de l'un des romans écrits par le sujet en question.

Il l'élève ainsi au niveau d'un *prototype* par sa propre nomination de « paranoïa d'auto-punition », de sorte que le « cas Aimée », loin d'ajouter un nouvelle entité clinique, fasse cas d'une *méthode* de recherche en vue d'une intervention adaptée. Soit ceci : une méthode qui par son refus de généralités et son respect des traits spécifiques de l'histoire du sujet, tienne compte de sa *personnalité*.

Nous y revenons donc ! Tel est en effet le parti de Lacan : la personnalité, ça existe, et c'est un principe de compréhension de ce qui apparaît au premier abord incompréhensible sous ce nom de psychose paranoïaque. Et plus encore : c'est ce qui fait *con*-cordance là où le psychiatre ne voit que *dis*-cordance ; mais évidemment, il s'agit d'une concordance qui est autre que celle du psychiatre. Et donc une autre discordance surgit, mais cette fois entre deux personnalités, le « malade » et son psychiatre[7]. Est-elle surmontable ? C'est là justement le pari de la thèse : instaurer une nouvelle compréhension.

---

7. D'où la citation de Spinoza sur la « discrepance », mise en exergue de la thèse : « Quilibet unius cujusque individui affectus ab affectu alterius tantum *discrepat*, quantum essentia unius ab essentia alterius differt. »

Pari ambitieux que Lacan soutient par la réalisation même de cette méthode qu'est son étude, définie l'année suivante comme « la première, du moins en France » à avoir été tentée[8].

Le 10 avril 1930, une femme âgée de 38 ans blesse à la main d'un coup de couteau Madame Z., une des actrices les plus appréciées du public parisien, au moment où celle-ci arrivait au théâtre pour y jouer. Internée à Sainte-Anne, elle est « observée » pendant un an et demi par Lacan. Il la nomme Aimée. Or, que note-t-il ? Deux délires : l'un de *persécution* et l'autre de *grandeur*.

La première concerne son enfance. Quelque temps après son mariage, Aimée s'était séparée de son mari ; et ce fut à lui que fut confié l'enfant, un garçon. Or, Aimée explique : on voulait le tuer ! Ses persécuteurs enquêtent sur son passé « comme » à la recherche d'une faute : on me soupçonne, mais c'est à tort ! N'est-ce pas ce qu'elle écrit dans son roman à propos de son histoire : « Vraiment le mal est autour d'elle, mais non en elle »[9] ?

Ainsi, d'emblée Aimée pose un problème éthique : il y a un désordre dans le monde (Schreber parlait d'un « assassinat d'âme »), et elle a mission de le dénoncer et d'y remédier. Là se trouve la raison de l'hostilité de ses persécuteurs : l'empêcher de remplir sa vocation.

C'est par ce biais en effet que se tresse avec le premier un deuxième thème délirant : celui de la grandeur. Il introduit la question posée par la différence de classe sociale, que Lacan nomme prudemment différence de « milieu ». En effet, la persécution est l'œuvre de femmes qui par leur rôle social élevé ont une notoriété publique : des actrices (Madame Z., Sarah Bernhardt) ou des écrivains (Madame C.). Or, celles-ci sont marquées de traits idéaux qu'Aimée tente de s'approprier : elle écrit deux romans « dont la valeur littéraire a frappé beaucoup d'écrivains, de Fargue et du cher Crevel qui les ont lus avant tous, à Joe Bousquet qui les a aussitôt et admirablement commentés, à Eluard qui en a recueilli plus récemment la poésie involontaire »[10].

8. Lacan, *De la psychose...*, p. 401.
9. *Loc. cit.*, p. 187.
10. J. Lacan, *Ecrits*, p. 168.

Autodidacte, Aimée tente trois fois d'obtenir son baccalauréat, malgré la charge de son travail professionnel. Mais cette identification est recherchée dans un but *opposé* au leur : ces femmes ont une influence mauvaise sur la société et sa mission à elle est de la réformer pour un monde meilleur par un idéal de pureté et de dévouement. Ainsi, la boucle se ferme : la raison de la persécution est trouvée ; des preuves évidentes en témoignent : refus des éditeurs de publier ses écrits, échec au baccalauréat, enlèvement de son fils pour le tuer.

Les explications psychiatriques

Lacan observe et s'interroge : comment expliquer ce double délire ? La « topique causale » qu'il a reçu de ses maîtres suffit-elle à en rendre compte ? La *première* interprétation par la théorie organiciste explique le déclenchement du délire par une cause occasionnelle. Elle est *soit* d'ordre organique (constitution morbide venant d'un défaut congénital du caractère), *soit* organo-psychique : ainsi les « phénomènes élémentaires » de la psychose (états oniroïdes, troubles de la perception, illusion de la mémoire) faisant problème, le délire est une tentative d'y répondre. Dans les deux cas la psychose est un déficit.

Lacan ne s'en contente pas. En effet, le contenu même du délire, sa fixation et son organisation restent inexpliqués. Plus encore, ce que le délire apporte de nouveau et par là de discordant dans la personnalité dépasse sa cause occasionnelle.

La *deuxième* interprétation explique le contenu même du délire par les *événements* singuliers d'ordre traumatique de l'histoire du sujet. Ces rencontres étant conflictuelles sont à la source du délire. Tel fut l'échec du premier amour d'Aimée pour un homme, un poètereau régional. Telle fut la rencontre avec Mademoiselle C. de la noblesse déchue. Lacan interroge celle-ci ; il apprend que chef de bureau de Aimée, elle eut sur elle un prestige intellectuel et moral ; ainsi, révélant à Aimée les succès de Madame Z., la future victime, et de Sarah Bernhardt, elle lui insuffla que toutes deux , elles aussi, étaient des femmes *différentes*, différentes donc du milieu modeste où elles vivaient, soit exactement ce que disait la famille d'Aimée à son sujet : elle n'est pas comme les autres ! Enfin et surtout, Lacan rencontre longuement la *sœur aînée* d'Aimée : événement décisif qui va déterminer l'ensemble de son travail ; il eut ce jour-là une intuition qui se renouvellera plus tard à la lecture du récit du lien énigmatique qui unissait Christine et Léa Papin.

Que fut donc cette sœur aînée ? Veuve d'un oncle qui fit d'elle sa femme, elle n'eut jamais d'enfant. Huit mois après le mariage de la jeune sœur, elle vient habiter sous le toit du nouveau couple, pour y dépenser ses conseils et son dévouement. Premier accouchement d'Aimée : un enfant né mort. Deuxième accouchement : naissance d'un garçon, pour lequel la sœur accomplit un rôle de mère. En cette vie commune à trois, Aimée se sent exclue par sa sœur auprès de son mari. Lacan note : « L'intrusion de la sœur d'Aimée fut suivie de sa mainmise sur la direction pratique du ménage » [11].

Or, ce qui frappe Lacan est ceci : Aimée n'a pas réagi ; et aujourd'hui encore devant les questions que Lacan lui pose sur l'attitude de sa sœur, elle n'avoue jamais directement ses griefs, pourtant bien justifiés aux yeux de Lacan. Il y a *discordance* entre ce qu'il en attendait et ce qu'elle en dit, entre ce qu'il aurait fait à sa place et ce qu'elle a fait : son identification imaginaire échoue et laisse une faille. Et plus il insiste, plus elle dénie :

« Nous devons y reconnaître l'aveu de ce qui est si rigoureusement nié, à savoir, dans le cas présent, du grief qu'Aimée impute à sa sœur de lui avoir ravi son enfant, grief où il est frappant de reconnaître le thème qui vient systématiser le délire. Or, c'est là que nous devons en venir, ce grief dans le délire a été écarté de la sœur avec une constance dont l'analyse va nous montrer la véritable portée » [12].

Et Lacan en conclut :

« La personnalité d'Aimée ne lui permet pas de réagir directement par une attitude de combat, qui serait la véritable réaction paranoïaque, entendue au sens qu'a pris ce terme depuis la description d'une constitution de ce nom. Ce n'est pas

---

11. J. Lacan, *De la psychose...*, p. 231.
12. J. Lacan, *De la psychose...*, p. 233.

en effet des éloges et de l'autorité que lui confère l'entourage que la sœur tire sa principale force contre Aimée, c'est de la conscience elle-même d'Aimée. Aimée reconnaît à leur valeur les qualités, les vertus, les efforts de sa sœur. Elle est dominée par elle, qui lui représente sous un certain angle l'*image même de l'être* qu'elle est impuissante à réaliser (...). Sa lutte sourde avec celle qui l'humilie et lui prend sa place ne s'exprime que dans l'ambivalence singulière des propos qu'elle tient sur elle » [13].

Ainsi, Aimée dirige son grief sur d'autres femmes que sa sœur ; elle lui substitue d'autres objets de sa haine, objets plus difficiles à atteindre : « Durant des années le délire apparaît donc comme une réaction de fuite devant l'acte agressif » [14]. Mais alors, la question surgit : pourquoi cette *résistance* à la lutte directe contre sa sœur ? Pourquoi ce renoncement devant elle à la revendication morale de ses droits ? Plus encore, pourquoi dans son délire même, si elle n'hésite pas à accuser Mademoiselle C. de la N. d'être sa persécutrice, par contre s'arrête-t-elle devant sa sœur ?

Or, sur la raison de cette transposition qui étonne Lacan, la deuxième explication de la cause du délire *par* des événements traumatisants ne répond pas ; pas plus d'ailleurs qu'au « choix » d'une psychose paranoïaque plutôt que d'une névrose.

Le recours à Freud

Il ne suffit donc plus de chercher la cause du délire ; l'important est à son propos de déceler la base même de la psychose paranoïaque. Pour cela, Lacan annonce la notion de personnalité, conçue comme l'*ensemble* des relations fonctionnelles spécialisées qui adaptent l'animal-homme à la société. Or, ces relations sont faites dynamiquement de tensions sociales ; et ce qui définit justement la personnalité est l'état, soit d'équilibre, soit de rupture, de ces relations mêmes. Ainsi la personnalité est « l'*unité* d'un développement régulier et compréhensible » [15] ; à entendre : compréhensible par le psychiatre.

13. *Loc. cit.*, p. 232.
14. *Loc. cit.*, p. 234.
15. *Loc. cit.*, p. 39.

Or, la psychose paranoïaque n'échappe pas à cette loi unitaire : elle est un mode réactionnel parmi d'autres *de* la personnalité même, à des situations vitales, à signification élevée, « le plus souvent de l'ordre d'un conflit de la conscience morale » [16]. Elle relève donc *aussi*, malgré sa discordance apparente, de « l'unité d'un développement régulier et compréhensible », en tant qu'elle est un « phénomène de personnalité ». Mais, comment soutenir un tel pari ?

Ce prototype qu'est le cas Aimée, ainsi que celui des sœurs Papin, montre ceci : ce qui sert de base à la psychose est la pulsion agressive inconsciente, mais camouflée dans ce compromis qu'est le délire. Mais il ne suffit pas de le dire, il faut le démontrer. Pour cela, Lacan part d'une constatation finale d'ordre clinique : « Le délire s'évanouit avec la réalisation des *buts* de l'acte » [17], de l'acte du meurtre. Alors, la nature de la guérison ne démontre-t-elle pas la nature de la maladie ?

Oui, en effet, telle est bien la voie à frayer : étudier non pas l'acte, mais ses buts. Avec Aimée, ce serait l'autopunition, soit le crime comme *appel* à être puni par la société juridique, le crime come *droit* à la sanction, *pour* expier. Avec Christine Papin de même : c'est à genoux qu'elle reçoit la nouvelle qu'elle aura la tête tranchée. Partant donc de ce présupposé thérapeutique, Lacan fait de sa thèse une étude de cette réponse-*ci* qu'est la psychose paranoïaque à la question suivante : comment faire *avec* la pulsion agressive ?

C'est sur ce point que Lacan introduit Freud dans la psychiatrie : le Freud de la deuxième topique. Il lui emprunte *deux* argumentations qu'il articule l'une à l'autre pour expliquer comment le cas Aimée est une paranoïa d'auto-punition.

1) *Un droit à la punition*

La première argumentation de Freud est exposée en son article de 1924 : « Le problème économique du masochisme » [18]. Abordant le masochisme, Freud observe : « Il est intéressant de

---

16. *Loc. cit.*, p. 400.
17. *Loc. cit.*, p. 393.
18. Article traduit en français dans la RFP en 1928 par E. Pichon.

34

constater qu'en dépit de toute théorie et contre toute attente, telle névrose rebelle à tous les effets thérapeutiques pourra *disparaître* le jour où le sujet aura fait un mariage malheureux, aura perdu sa fortune ou contracté une maladie organique dangereuse ». Voilà qu'il se sent mieux.

S'agit-il d'un sentiment inconscient de culpabilité (*unbewusstes Schuldgefühl*) ? Le patient a peine à l'admettre et il a bien raison, écrit Freud, car c'est incorrect. Il s'agit d'un *Strafbedürfnis*, besoin de punition, à satisfaire par une parole de la loi : exigence légale de sanction, droit à la punition.

Or, comment différencier ce masochisme et la conscience morale ? Celle-ci est due à la victoire sur le complexe d'Oedipe, soit à sa « désexualisation » ; c'est ainsi que le *surmoi* est l'héritier par introjection de certains traits essentiels des parents. Mais le masochisme est tout autre : il *resexualise* la morale par régression : il y a fixation à un point de jouissance, et arrêt d'évolution de l'agressivité.

Ainsi, de cette régression s'ensuit un sentiment de culpabilité d'une autre nature ; en effet, il y a traduction (*Übersetzen*) en « *Strafbedürfnis* », droit à être puni par une puissance parentale. D'où vient donc cette fixation, et pourquoi cet avatar du surmoi ?

2) *Une conversion* (Umwandlung)

C'est pour répondre à cette question que Lacan fait appel à l'article de Freud de 1922 : « Sur quelques mécanismes névrotiques de la jalousie, de la paranoïa et de l'homosexualité », article qui avec le précédent sur le surmoi est au centre de son argumentation. Il le traduit lui-même en français et le publie dans la *Revue Française de Psychanalyse* en 1932, en même temps que sa thèse. Source essentielle qui détermine ce que fut la rencontre de Lacan avec Freud : l'étude de la deuxième topique, et plus précisément du rapport de la libido au moi.

Il est frappant de constater que le rapport *entre* la libido et le moi est au centre d'une interrogation sur la démence précoce et la paranoïa pour Freud (par l'intermédiaire de Jung), sur la psychose paranoïaque pour Lacan.

Or, le fil conducteur de cet article de 1922 est la notion de « *narzisstliche Objektwahl* », choix narcissique de l'objet. Notion relativement ancienne, posée par Freud en 1914 dans l'article « *Pour introduire le narcissisme* ». La libido investit non seulement l'autre mais le moi lui-même, de sorte qu'il y a deux types de choix d'objet : l'*autre* par étayage, le *moi* par narcissisme ; rapport d'exclusion réciproque selon lequel ce qui est donné à l'un est retiré à l'autre, et inversement.

Mais avec l'article de 1922, Freud va plus loin. Il relativise, sans le détruire, ce rapport d'exclusion en montrant que *dans certains cas* le deuxième choix, le choix narcissique de l'objet, inclut l'autre comme *image du moi* ; l'autre et le moi sont investis corrélativement par la libido. Et, pour être plus clair, il complète le terme de « choix narcissique de l'objet » par celui de « choix d'objet du même sexe » (homo-sexuel). Ainsi, trois fois, avec la jalousie, la paranoïa et l'homosexualité, il met en évidence une « conversion de sentiment » - *Gefühlsumwandlung* - de l'agressivité en amour de type narcissique.

Déjà, en 1915, dans l'article « Un cas de paranoïa qui contredisait la théorie psychanalytique de cette affection », il avait avancé ceci : « Le persécuteur au fond est l'aimé ou celui qui a été aimé. » — Affirmation que Lacan reprend à son compte à propos des sœurs Papin convaincues, au dire de la police, d'être persécutées : « Une négation éperdue d'elle-même qui (...) désignerait l'être aimé dans le persécuteur » [19]. Mais, pourquoi y a-t-il amour et pourquoi est-ce à l'égard du persécuteur ?

En 1922, Freud répond : il y eut dans le passé *d'abord* agressivité à l'égard d'un objet du même sexe, *puis* métamorphose en amour et choix narcissique de l'objet par réaction contre une pulsion agressive : avatar du « complexe fraternel ». Ainsi, plus tard, de l'homme jaloux ; la jalousie se porte normalement, non pas sur l'aimant (sa femme), mais sur celui qui est aimé (le rival aimé par la femme) ; or, à un moment il y a trans-position - *Versetzung* - par projection au sens optique : en l'autre comme miroir, le jaloux se voit être aimé par l'aimant (sa femme). Et alors, il abandonne la rivalité. De même, dans la paranoïa : c'est la rivalité primitive du sujet - rivalité non

---

19. J. Lacan, *De la psychose...*, p. 395-6.

assumée symboliquement - qui apparaît au-dehors dans le réel en la personne du persécuteur. Enfin, dans l'homosexualité : dans le développement du sujet, il y eut abandon de la compétition fraternelle et conversion du rival en objet aimé.

Freud rattache cette transformation à un stade précoce de fixation et d'inertie. Il y eut, dit-il, *Übertreibung des Vorganges*, *« exagération du processus* qui selon mon intuition mène à la genèse individuelle des pulsions *sociales »*. L'année précédente, dans *Psychologie des groupes et analyse du moi*, il avait décrit au contraire le processus normal du sentiment social, comme reposant « sur la conversion d'un sentiment d'abord hostile en un lien à caractère positif, de la nature d'une identification » (chapitre 9). Identification à un trait d'une personne située hors du groupe, et formation de l'idéal du moi.

Mais, dans l'article de 1922, la métamorphose est autre : elle vient d'une exagération, d'un forçage, avec absence d'identification symbolique : identification sans médiation [20] ; on voit « naître, écrit Freud, le choix homosexuel (entendez : narcissique) de l'objet à partir d'un *surmontement précoce (Überwindung frühzeitiger)* de la rivalité ». Dépassement prématuré par exagération du processus : c'est dire que les sentiments sociaux restent fixés au choix primitif de l'objet. Ainsi, conclut Freud : « les sentiments sociaux n'auraient pas opéré leur détachement du choix primitif de l'objet avec un entier bonheur ».

3) *La lecture de Lacan*

Lacan interprète la psychose d'Aimée et des sœurs Papin en *articulant* l'un à l'autre les deux articles de Freud, de 1922 et 1924. Selon l'article de 1922, il constate une fixation au stade du narcissisme dit secondaire ; selon celui de 1924, il en donne la raison par le masochisme.

Lisons-le :

« Freud, dans un article admirable (celui de 1922) nous montre que, lorsqu'aux premiers stades maintenant reconnus de la sexualité infantile s'opère la réduction *forcée* de l'hostilité

---

20. J. Lacan, *Écrits*, p. 170-1.

primitive entre les frères, une anormale *inversion* peut se produire de cette hostilité en désir (...). En fait, ce mécanisme est constant : cette fixation amoureuse est la condition primordiale de la première intégration aux tendances instinctives de ce que nous appelons les *tensions sociales* (...). Cette intégration se fait *cependant* selon la loi de moindre résistance par une *fixation* affective très proche encore du moi solipsiste, fixation qui mérite d'être dite narcissique et où l'objet choisi est le plus semblable au sujet : telle est la raison de son caractère homosexuel » [21].

Ainsi, le *délire* d'Aimée est une tentative de se libérer de cette fixation à sa sœur, en remettant en jeu l'*hostilité* primitive et en la portant sur d'autres têtes. Mais Aimée y échoue : ce sont encore et toujours des images d'elle-même, images idéales qu'elle ne peut qu'aimer : c'est une haine *amoureuse* dans la « négation éperdue d'elle-même » [22].

Et pourquoi le passage à l'acte par auto-punition ? L'article de 1924 permet à Lacan ce diagnostic : il y a masochisme primordial par fixation au narcissisme secondaire, avec érotisation des objets fraternels - ce que Freud appelle le « complexe fraternel », avant l'Oedipe [23].

Comment partir de Freud ?

En 1932, Lacan en est là. Grâce à sa première rencontre avec Freud, il l'introduit dans la psychiatrie, à la suite de Janet et de Krestchmer. Il s'agit d'« emprunt à la psychanalyse », écrit-il [24], pour arriver à « une science de la personnalité ». Il n'invente pas, mais il rédige une thèse en cherchant dans la doctrine freudienne la « confirmation » de l'examen des faits cliniques concernant Aimée.

Or, il permet cette introduction de Freud grâce à un *départage* : non seulement il choisit le Freud de la deuxième topique et ignore totalement le premier, mais il opère un coup

21. J. Lacan, *De la psychose...*, p. 396.
22. *Loc. cit.*, p. 365.
23. *Loc. cit.*, p. 349.
24. *Loc. cit.*, p. 321.

de force *en liant étroitement le narcissisme au moi*. C'est un coup de force consistant à réduire le moi au narcissisme et à l'exclure comme « sujet de la connaissance » ou noyau du système « perception — conscience ». Lacan accule Freud à choisir : c'est l'un ou c'est l'autre, mais pas les deux ; car le principe d'objectivité de la connaissance ne peut émerger *du* narcissisme que s'il est *déjà là* au départ, comme le lapin dans le chapeau, ou un petit homme à l'intérieur de l'homme. Or, il n'y a pas de genèse immanente si le moi est essentiellement narcissique[25]. Lacan tranche : de Freud il en prend et il en laisse. C'est pourquoi il se fixe un programme : « Notre recherche dans les psychoses reprend le problème au point où la psychanalyse est parvenue »[26], pour aller au-delà de Freud, en éclaircissant cette notion de *narcissisme* qui dans la doctrine « reste mythique et inconnue »[27]. Beau programme qui définit la première rencontre de Lacan avec Freud de 1932 à 1953 (date d'un changement de position).

En effet, aborder Freud par la notion de narcissisme et faire du destin de la pulsion agressive la « base de la psychose »[28], c'est, comme nous l'avons vu, admettre cette *supposition freudienne* : il y a un premier temps d'hostilité, puis un deuxième temps d'amour narcissique avec abandon de l'hostilité. Qu'est devenue alors la pulsion agressive ? Refoulée, elle ferait retour dans le passage à l'acte meurtrier. Lacan a peine à admettre cette thèse en ce qui concerne la psychose. Le passage à l'acte, loin d'être le renversement de l'amour narcissique, n'en est-il pas l'accomplissement ? Si celui-ci a pour but une auto-punition, n'est-il pas l'aveu suprême d'un amour éperdu de l'image du persécuteur dans la négation de soi-même ? L'acte meurtrier est-il vraiment une agression envers l'autre, ou la réaction défensive à une intrusion envahissante de l'image de l'objet adoré ?

Autrement dit, ne faut-il pas articuler *autrement que Freud* le rapport entre pulsion agressive et narcissisme du moi, en mettant en cause leur succession temporelle ? C'est à cette question laissée en suspens dans sa thèse que Lacan répondra quatre ans plus tard par l'invention du stade du miroir.

---

25. Cf. le passage essentiel de la thèse, page 324.
26. J. Lacan, *De la psychose..*, p. 321.
27. *Loc. cit.*, p. 322.
28. *Loc. cit.*, p. 392.

Cette rencontre originelle avec Freud et la psychanalyse marque Lacan d'une double préoccupation.

1) Soucieux de compréhension de la psychose paranoïaque et pour cela préoccupé de réduire une discordance à une concordance compréhensive (par le psychiatre), Lacan se centre sur ce qui fait accord, unité et synthèse, soit le moi *en tant que* narcissique : là, je te comprends et tu me comprends. Puisque la paranoïa est une maladie narcissique, alors, comme thérapeutique, il lui semble « plus nécessaire une *psychanalyse du moi* qu'une psychanalyse de l'inconscient »[29], avec souci de savoir manœuvrer techniquement avec les *résistances du moi*. Directive bien conforme à ce que fut sa rencontre avec Freud : une deuxième topique coupée de la première, pour une étude du moi comme phénomène clé de la personnalité.

2) Avec les cas étudiés par lui de psychose paranoïaque - et spécialement Aimée -, Lacan est frappé du contenu du délire, situé d'emblée en termes éthiques de société *politique* et *religieuse*, bien plus que familiale. Le goût de l'écrit chez Aimée ou chez Jean-Jacques Rousseau est à prendre comme un moyen d'expression socialement efficace et un appel à une large collectivité pour une réforme morale de la vie publique en son ensemble. Ce sont des « personnalités ». Ainsi la psychose n'est pas un déficit. Lacan écrit à propos de ces personnalités :

« Serviteurs zélés de l'Etat, instituteurs ou infirmières convaincus de leur rôle, employés, ouvriers excellents, travailleurs enthousiastes, de tous les "dons de soi", qu'utilisent les diverses entreprises religieuses, et généralement toutes les communautés qu'elles soient de nature morale, politique ou sociale, qui se fondent sur un lien supra-individuel[30]. »

Plutôt donc que de la laisser se « guérir » par un passage à l'acte meurtrier, pourquoi ne pas traiter la paranoïa par une utilisation de son efficace social ? Oui, répond Lacan, mais, à condition de ne pas laisser ces sujets dans « l'isolement moral

29. *Loc. cit.*, p. 280.
30. *Loc. cit.*, p. 269.

cruel » [31] de nos sociétés modernes à démocratie formelle. Il préconise donc une « intégration » dans une communauté de nature religieuse, à règlements stricts et à idéal élevé de dévouement à une cause : « armée, communautés politiques et sociales militantes, sociétés de bienfaisance, d'émulation morale, ou sociétés de pensée » [32].

De même, plus tard, Lacan définira le « fou » comme hors-discours, le terme de discours étant pris au sens précis de ce qui fait *lien social*. Ainsi, se déduit cette loi : là où il y a discours, institution légère ; là où il manque, institution forte. Ce fut le vœu constant de Lacan : que le discours analytique, par exemple, fonde l'institution de la psychanalyse et non l'inverse. Conformément à Antigone : le respect des lois non écrites relativise les lois de la cité.

---

31. *Loc. cit.*, p. 277.
32. *Loc. cit.*, p. 278-9. A cette époque, Charles Maurras faisait des analyses identiques, dans une perspective évidemment tout autre.

mon cher semblable, mon miroir

3 août 1936 : Lacan, jeune psychanalyste, est au XIVᵉ Congrès psychanalytique international qui se tient à Marienbad. C'est ce jour-là qu'il fait oralement une communication sous le titre : « *The looking-glass Phase* ».

Puis, il quitte le Congrès avant sa clôture, pour assister aux XIᵉ Olympiades qui ont lieu du 1ᵉʳ au 16 août à Berlin. Il va à la kermesse nazie, à ce cérémonial propre au nazisme, qui fait pour la première fois de ces jeux un immense *show* publicitaire. Or, par l'invention du stade du miroir, Lacan vient de mettre en évidence la source même du racisme, et il va à Berlin en recevoir le spectacle éclatant. En effet, la force du racisme vient de la fascination primordiale de chacun par son semblable : vision captatrice de la *Gestalt* du corps de l'autre comme miroir. La spécificité de telle beauté, de telle silhouette, de tel tonus musculaire, de telle puissance en repos ou en mouvement, de telle couleur de la peau, des yeux et des cheveux, définit une physionomie phénotypique qui induit une consanguinité génotypique.

En retour, cette vision exclut l'étranger, celui auquel je ne peux m'identifier : il en briserait mon miroir. Il participe à l'*hétéros* d'une femme : à réduire donc au corps de la mère, matrice unique des corps fraternels [1].

Les historiens de ces jeux de Berlin en ont été frappés. Ainsi Jean-Marie Brohm, en un ouvrage bien documenté, remarque :

---

1. Cette description est conforme au stade du miroir. Ce n'est que beaucoup plus tard avec l'introduction du primat du symbolique que Lacan pourra révéler la vérité de ce processus : c'est la négation de l'étranger qui unit les semblables ; c'est la ségrégation qui fonde la fraternité. Nous verrons comment.

« Le Reich réussit à polariser les *regards* et à provoquer un phénomène d'identification *narcissique* »[2], qu'on peut lire aisément sur les yeux de la foule exaltée du stade. Face aux démocraties ramollies et sophistiquées, en un temps où le déclin social de l'*imago* paternelle laisse l'individu désemparé devant les effets collectifs du progrès technologique, la jeunesse allemande trouve en cette liturgie du corps ivresse et témérité. Mais ce phénomène n'est-il qu'hitlérien ?[3] N'est-ce pas ce que Freud désignait par « choix narcissique de l'objet » ?

Là se manifeste une préoccupation constante de Lacan : les questions que Freud résout par la deuxième topique. L'enjeu en effet de la deuxième topique est de rendre compte du processus d'identification : comment s'opère une transmission ? Freud répond : par passage *d'un dehors à un dedans*. Lacan relève cela, et radicalement, en allant jusqu'au plus originel : la naissance même du moi.

L'origine du moi

Nous avons vu comment Lacan lit Freud en 1932 ; il opère un départage : le moi n'est pas le sujet de la connaissance objective, mais un objet libidinal dit narcissique. Cette lecture permettait de « confirmer » théoriquement l'observation du cas Aimée. En 1936, Lacan franchit un nouveau pas : allant au-delà de la psychose paranoïaque, il passe à l'universel en mettant en évidence par la phase du miroir la *naissance* même du moi, soit le narcissisme dit primaire par Freud.

Mais, comme nous allons le voir, en expliquant ainsi le narcissisme, il met en question sa nature *selon* Freud : l'enfant n'est pas un être originellement fermé sur lui-même, devant ensuite s'ouvrir peu à peu au monde extérieur et sortir du narcissisme. Pas du tout ! Le narcissisme primaire définit un être tout *au dehors*, d'emblée livré à l'autre, et assujetti à l'événement. Est-ce encore narcissique ? Absolument, et c'est ce que montre la phase du miroir.

---

2. *Jeux olympiques à Berlin*, éd. Complexe, 1983.
3. En France, Montherlant a publié en 1924 *Les Olympiques*, et en 1938 *Paysage des Olympiques* : album de photos d'adolescents sportifs, prises par un ancien scout Egermeier.

En 1934, Henri Wallon a publié *Les Origines du Caractère chez l'Enfant*. Il y faisait, entre autres, un bilan des études sur l'enfant et sa propre image spéculaire : « Darwin note que vers le huitième mois il manifeste par des « Ah ! » sa surprise, chaque fois que son regard se trouve rencontrer son image, et Preyer qu'à la 35ᵉ semaine, il tend la main avec ardeur vers son image (..). La réalité attribuée à l'image est même si complète que, non seulement, entre la quarante et unième et la quarante-quatrième semaine encore, l'enfant de Preyer rit et tend les bras vers elle chaque fois qu'il la voit, mais qu'à la trente-cinquième semaine, celui de Darwin regarde son image dans la glace, chaque fois qu'on l'appelle par son nom. Ce n'est plus, tout au moins de façon passagère ou intermittente, à son moi proprioceptif qu'il applique son nom, lorsqu'il l'entend prononcer : c'est à *l'image* extéroceptive que lui donne de lui-même le miroir[4]. »

Moment décisif : lorsque l'enfant se reconnaît dans le miroir, *alors* il a une représentation de son corps distincte des sensations internes de sa motricité - représentation rendue possible par ce caractère d'*extériorité* de l'image. L'enfant a de lui-même une image semblable à celle qu'il a des autres corps hors de lui dans le monde : un corps parmi les autres. Or, Lacan opère une subversion de cette interprétation reçue. Il n'y a pas formation du moi par *son* extériorisation, par un mouvement de l'intérieur à l'extérieur, par une projection, mais c'est l'inverse : le moi est d'emblée extéroceptif ou il n'est pas.

Tout d'abord, Lacan prend cet exemple de Wallon pour *n*'en faire *qu*'un « cas particulier »[5], une illustration d'un phénomène universel, qui naît entre six mois et dix-huit mois, partout, là même où n'est pas rencontré cet objet matériel appelé miroir. En effet, c'est l'autre qui fait fonction de miroir, à prendre strictement : pour l'enfant-loup, c'est le loup ! Ainsi, le stade du miroir n'est que le paradigme, par lequel l'observateur *nomme* dans cette révélation ce qui s'est accompli autrement : la naissance du moi.

---

4. Paris, éd. Boivin, p. 197-8.
5. J. Lacan, *Ecrits*, Paris, Seuil, 1966, p. 96.

Quatre éléments

L'invention de Lacan est synthèse de quatre éléments constitutifs de la naissance et de la nature du moi :

1) *Un manque d'ordre organique*

Le petit d'homme naît prématuré. La plupart des animaux peuvent survivre d'eux-mêmes par la motricité et la capacité de se nourrir. L'instinct permet aux mammifères d'accomplir beaucoup plus de choses et plus rapidement que le petit d'homme qui a presque tout à apprendre. En effet, celui-ci est livré d'emblée au bon vouloir de l'autre : c'est une question de vie ou de mort ! L'insuffisance du développement du système nerveux le mettant dans la dépendance radicale du geste d'autrui, le nouveau-né humain est dès l'origine condamné à la socialité, ou à mourir. Cette infériorité biologique par rapport à l'animal ouvre une brèche qui le livre aux mains de l'autre[6]. *Hilflosigkeit*, écrivait Freud, qui le marque pour toujours.

2) *Une diachronie*

Par la *vision* de l'autre, l'enfant anticipe sa motricité future : ce qu'il ne peut accomplir aujourd'hui dans sa propre situation anaclitique, il le voit réalisé en l'autre. Ainsi, naît un écart *temporel* entre le visuel et les autres pouvoirs sensitifs. Ce primat du visuel permet à l'enfant de voir son avenir corporel : la fascination de l'image de l'autre le suscite, le soulève, l'entraîne, comme si ses yeux emportaient ses gestes. Il sourira bientôt au sourire de sa mère, contemplée et repérée par le regard.

Ce primat fait rupture avec l'animal ; il détermine dans la culture le pouvoir anticipateur de la théorie sur la praxis. En effet, lorsqu'à partir du *speculum*, la *speculatio* naît, celle-ci engendre et justifie l'action et non l'inverse. On peut constater en effet que la première éthique reconnue est partout celle du maître : homme de la *scholé* (loisir et école), il domine son

---

6. Ce manque organique est-il une cause explicative ? A ceux qui le liraient ainsi, Lacan répond en 1966 dans les *Ecrits* (p. 69-70) en relativisant ce manque pour affirmer la primauté de l'Autre, lieu du symbolique.

2) *Est-ce l'irréel?*

Au contraire, selon la tradition romantique, l'imaginaire aurait une fonction *poïétique*, dont l'art serait le témoin privilégié (cf. André Malraux). Ainsi Bachelard écrivait :

« Grâce à l'imaginaire, l'imagination est essentiellement ouverte, évasive. Elle est dans le psychisme humain, l'expérience même de l'ouverture, l'expérience même de la nouveauté » (*L'Air et les Songes*, page 7).

3) *Est-ce une représentation prégnante?*

Ainsi, ni mauvais, ni bon, ni pascalien, ni jungien, l'imaginaire serait, selon certains historiens modernes, ce qui définit les représentations collectives qu'une société se donne des diverses fonctions qui l'organisent. Chaque culture aurait son imaginaire social.

Par le stade du miroir, Lacan exclut ces trois sens en remontant à leur source commune. L'imaginaire, c'est le *corporel* : non pas l'objet d'étude du biologiste, mais l'image du corps humain ; l'*imago* latine désignant les statues des divinités fait son retour. Certes, la *Gestalttheorie* et l'éthologie l'ont remise sur son piédestal, mais avec Freud, par l'investissement libidinal, en est enfin montré l'enjeu narcissique [10] : « Nous, psychanalystes, dit Lacan, réintroduisons une idée délaissée par la science expérimentale, à savoir l'idée d'Aristote de Morphè [11]. »

Pour faire de la psychanalyse une psychologie « véritable et scientifique », il s'agit de réintroduire dans la science galiléenne ce qu'elle a annulé : la « forme » aristotélicienne comme cause explicative. Ce que Freud a redécouvert sous le nom de libido, c'est le pouvoir de formation de l'*imago* dans l'organisme, selon un rapport de cause à effet *par similarité*. La psyché végétale, animale, humaine, n'est pas une idée platonicienne, mais le pouvoir étrange d'un corps d'engendrer un autre corps à son image... en miroir ! [12]

---

10. Nous verrons comment trente ans plus tard Lacan a donné à l'imaginaire un statut de dimension topologique.
11. J. Lacan, *Ibid.*
12. Quand Freud, dans *Psychologie des groupes et analyse du moi*, s'interroge sur ce qui fait lien social (*Massebildung*) d'un groupe, il

Une oscillation sans fin

Nous avons vu au chapitre précédent que Freud expliquait « le choix narcissique de l'objet » par une conversion *(Umwandlung)* de l'agressivité en amour, métamorphose venant d'un refoulement de la pulsion agressive par suite d'une « exagération » du processus de socialité. Il y aurait passage précoce et peu heureux d'un temps à un autre.

Par le stade du miroir, Lacan unifie ces deux temps en un seul : le narcissisme et l'agressivité sont *corrélatifs*, en ce moment de formation du moi par l'image de l'autre. En effet, le narcissisme, selon lequel l'image du corps propre se soutient de l'image de l'autre, introduit une *tension* : l'autre en son image à la fois m'attire et me repousse ; en effet, je ne suis qu'en l'autre, et en même temps il demeure *alienus*, étranger ; cet autre qu'est moi-même est autre que moi-même.

De là naît une agressivité inhérente à l'amour en toute relation duelle. *Exclusion* réciproque : l'un ou l'autre, ou bien... ou bien... : celui que j'aime m'exclut - j'exclus celui que j'aime. *Mais*, chaque exclusion renvoie à son contraire en vertu d'un mouvement pendulaire, de sorte qu'aucune résolution n'est possible par une négation conclusive. Tel est le « complexe fraternel » : il y a instabilité sans vrai processus. Exemple : une femme entrevoit un beau chemisier dans une vitrine ; l'envie naît : elle se le procure, mais hélas ! à la sortie du magasin elle tombe sur une voisine qui porte le même chemisier. Alors, de beau qu'il était, le voilà devenu laid !

Lacan découvrira peu à peu que cette relation érotico-agressive correspond à ce que Mélanie Klein appelle la phase *dépressive* :

---

parle d'une libido ni homo- ni hétéro-sexuelle, « car elle n'est pas différenciée selon les sexes ». Il reprend par là ce qu'Aristote appelle l'amitié *(philia)* comme fondement de la société et qu'il décrit remarquablement en « miroir » : « Nous ne pouvons pas nous contempler nous-mêmes... De même que, lorsque nous voulons contempler notre visage, nous le faisons en nous regardant dans un miroir, ainsi lorsque nous voulons nous connaître nous-mêmes, nous nous connaissons en nous voyant dans un ami. Car *l'ami*, disons-nous, est un autre nous-même » *(Magn. Mor.* 1 213, a 15-24). Ce n'est pas sans ironie que Lacan qualifie le lien du Pdt Schreber à sa femme d'amitié.

ou l'autre me tue, ou bien je le tue, en vertu de la discordance imaginaire. Celle-ci est intrinsèque à la constitution du moi, et en est un signe essentiel. Mais *avant* la formation du moi, Mélanie Klein situe la phase *paranoïde*, qui apparaît après coup (dans le fantasme ou l'hallucination) avec les images plurielles de corps morcelé, non moïque : « Ce corps morcelé, écrit Lacan, apparaît sous la forme de membres disjoints et de ses organes figurés en exoscopie, qui s'ailent et s'arment pour les persécutions intestines, qu'à jamais a fixé par la peinture le visionnaire Jérôme Bosch, dans leur montée au siècle quinzième au zénith imaginaire de l'homme moderne. Mais cette forme se révèle tangible sur le plan organique lui-même, dans les lignes de fragilisation qui définissent l'anatomie fantasmatique, manifeste dans le symptôme de schize ou de spasme, de l'hystérie [13]. »

Autrement dit, l'énigme du rapport entre ces deux phases kleiniennes ne s'éclaire que par le stade du miroir à la jointure de l'une et de l'autre phases : paranoïde avant le « miroir », dépressive après. Mais quel est le destin de cette tension entre le moi et l'autre ? *That's the question...* à résoudre !

La seule résolution possible serait la suppression *réelle* de l'*image* aimée par le passage à l'acte : issue de la psychose paranoïaque que Lacan a découverte quatre ans auparavant. Aimée agresse physiquement Madame Z. à l'entrée du théâtre. Mais n'est pas fou qui veut !

---

13. J. Lacan, *Ecrits*, Paris, Seuil, 1966, p. 97.

la connaissance
paranoïaque

Avec la thèse de 1932 sur Aimée, Lacan lie le moi au narcissisme : le moi n'est que narcissique. En 1936, avec le stade du miroir, il lie le moi à l'image du corps propre : le moi n'est qu'imaginaire. Enfin, dès l'après-guerre, à partir de 1946, il invente le nom de connaissance paranoïaque pour dire que *le moi a une structure paranoïaque* ; empruntant le terme de paranoïa à la psychiatrie, il en fait le qualificatif même du moi et y voit la structure fondamentale de la folie.

Or, ces trois étapes constituent une période (de 1932 à 1953), au cours de laquelle Lacan *choisit* dans le texte freudien, pour y opérer un départage ; au sens étymologique du terme, il est un hérésiarque : période lacanienne plus que freudienne. N'est-il pas caractéristique que, s'adressant aux psychiatres, il parle de la connaissance paranoïaque comme de « *ma* conception du moi » [1]. Nous sommes déjà - et encore - loin de Freud : entre-deux !

La connaissance paranoïaque est l'effet de ce qu'illustre le stade du miroir, soit une identification imaginaire. Le transitivisme de l'enfant face à un autre à peine plus âgé que lui en est le signe : sympathie, que Max Scheler a bien décrit comme base du sentiment moral, et selon laquelle je ris à la vue du rire de l'autre, je souffre à la vue de sa souffrance.

De cette origine découle un processus à définir en trois traits : stase de l'être, méconnaissance de soi, action suicidaire.

---

1. J. Lacan, *Ecrits*, Paris, Seuil, 1966, p. 180.

1) *Stase de l'être*

La connaissance humaine est paranoïaque en ceci : par la vue s'opère une captation de l'*espace* de l'autre ; hors de moi, par la vision, le champ spatial de l'autre me fascine. En effet, au cours du déroulement temporel du rapport inter-subjectif et de la dialectique de production de sens, tout à coup l'image de l'autre fixe mon regard. Moment d'arrêt de la temporalité sociale par la spatialisation visuelle, moments critiques scandés par ce coup qu'est le coup d'œil. Telle est l'objectivation humaine : je pose devant... par « l'objectif », à prendre au sens optique. Ainsi, l'image prend les caractères de l'ob-jet : permanence, identité, substantialité. Le surréalisme l'a bien mis en évidence, avec Dali par exemple et ses petites lunettes.

Ainsi, la mémoire n'est pas puissance de synthèse passé-présent, mais album de souvenir-photos : images immobiles, juxtaposées, dispersées. Lacan dit *kal-eido-scopique*, à décomposer : belle-image-examinée. Roland Barthes, dans *La Chambre claire*[2], décrit admirablement ce phénomène de l'image photo :

« Dans la photographie, l'immobilisation du Temps ne se donne que sous un mode excessif, monstrueux : le Temps est engorgé (...). Que la Photo soit « moderne », mêlée à notre quotidienneté la plus brûlante, n'empêche pas qu'il y ait en elle comme un point énigmatique d'inactualité, une stase étrange, l'essence même d'un *arrêt* (...). Rien que *la chose exorbitée*. La Photographie est violente : non parce qu'elle montre des violences, mais parce qu'à chaque fois *elle emplit de force la vue*, et qu'en elle rien ne peut se refuser, ni se transformer. »

L'événement a lieu, dit le génie de notre langue : il a pris lieu, et ainsi je le connais. Toute connaissance est spatialisante, dans l'espace et la lumière de l'autre. Telle est l'*imago*, élément tiers entre l'*Innenwelt* et l'*Umwelt* : « j'ai trois frères, Pierre, Paul et moi », l'enfant se disant tel qu'il se voit.

Cette aliénation primordiale détermine une fixation ; capté par l'image, je la deviens : infatuation du sujet qui *se* croit. Il se croit être... il se prend pour... parce qu'il y croit : passion

2. Ed. Gallimard-Seuil, 1980, p. 142-3.

d'être un homme ou une femme. « Cette stase de l'être dans une identification idéale »[3] est, nous l'avons vu, sans médiation et se dit donc en termes d'*être* ; d'où la fameuse formule de Lacan : « Si un homme qui se croit un roi est fou, un roi qui se croit un roi ne l'est pas moins »[4]. Les discours édifiants sur la prévalence de l'être sur l'avoir y trouvent leur grain de folie, et fanatisme ou bureaucratie leur assiette... pour ce grain !

2) *Méconnaissance de soi*

La connaissance paranoïaque est connaissance : *juste* lucidité sur le mal et le malheur répandus dans cet espace qu'est l'univers. Elle sait bien *voir* au-dehors, mais dans la méconnaissance de ce que je suis ; en désignant dans l'autrui resté hors de moi, *alienus*, tout le *kakon* et toute la cause du désordre du monde, je ne suis pour rien de ce qui m'arrive. L'objectivation est objection à ma responsabilité. Je m'exclus par cette négation qu'est l'énonciation paranoïaque : « Ce n'est pas moi qui... mais lui ! » (et non pas : mais toi ! Ce serait par ce tu m'adresser en toi à ce lieu d'où j'en appelle à ta foi, au-delà donc de ma connaissance).

Que s'est-il donc passé ? Le miroir se serait-il opacifié ? Je vois bien en l'autre le mauvais objet, je *m*'y vois, mais je n'y reconnais pas ce qui est pourtant en moi. Or, méconnaissance n'est pas ignorance : ce qui est nié est de quelque façon connu. Mais, est-il possible de savoir ce que je connais là de moi sans m'y reconnaître ?

3) *L'action suicidaire*

Un tiers peut le savoir. En effet, faute de me voir, j'agis en attaquant le mauvais objet sur cette image de moi-même qu'est l'autre : agression d'Aimée en Madame Z. à l'entrée du théâtre, diatribe de Jean-Jacques Rousseau contre ses persécuteurs, colère d'Alceste à l'audition du sonnet d'Oronte : « Les propos de furieux alors trahissent manifestement qu'il cherche à se frapper lui-même »[5]. Mais ce qui se trahit là n'apparaît qu'au spectateur, pas à Alceste !

3. J. Lacan, *Ecrits*, Paris, Seuil, p. 172.
4. *Loc. cit.*, p. 170.
5. *Loc. cit.*, p. 175.

Chaque fois, l'autre est bien ma propre image en miroir, mais je ne m'y reconnais pas. Je passe *donc* à l'acte : « Ce n'est rien d'autre que le *kakon* de son propre être, que l'aliéné cherche à atteindre dans l'objet qu'il frappe »[6]. Justicier, prophète de malheur, fustigateur de déchéance, dénonciateur de déviance, en désignant mon bouc émissaire je fais *savoir* ma propre méchanceté à l'égard de moi-même. Ainsi la tension érotico-agressive du miroir réfléchissant avec son incessante oscillation (*ou* je l'exclus *ou* il m'exclut) trouve enfin sa *résolution* par le coup immobilisateur du : je m'exclus en l'excluant.

Il ne s'agit plus de l'agressivité sympathisante, ni de la complicité concurrentielle, mais de la *haine* proprement dite. Je me détruis en détruisant l'autre, et ainsi je mets en morceaux l'*imago* en tant que telle, pour retourner à un stade d'*avant* le miroir : masochisme primordial (Sigmund Freud), phase paranoïde (Mélanie Klein)[7].

En effet, l'établissement du narcissisme par le stade du miroir a introduit un *déchirement* du sujet d'avec lui-même. Ainsi, le passage à l'acte suicidaire supprime ce déchirement : retour au corps morcelé, hanté par le *kakon*, soit à ce qui apparaît rétroactivement dans les symptômes, structurés qu'ils sont comme « îlots exclus, scotomes internes ou autonomismes parasitaires dans les fonctions de la personne »[8]. Ainsi, la haine de l'*imago*, haine *agie* sur elle, est le signe de l'échec du stade du miroir comme identification imaginaire nécessaire, et fondement du narcissisme. Mais alors, ce signe nous montre *a contrario* une *autre* voie possible que le passage à l'acte suicidaire, comme résolution de la haine, un autre « faire avec » le *kakon* : celui de la réussite de l'*imago*.

En effet, l'*imago* comme cause psychique de l'identification « a pour fonction de réaliser l'identification *résolutive* d'une phase psychique, autrement dit une métamorphose des relations de l'individu à son semblable »[9] (je souligne). C'est

---

6. *Ibid.*
7. Vers six ou huit mois l'enfant fait des cauchemars. Plus ouvert que jamais à autrui, il supporte mal le changement brutal de territoire et la nouveauté incessante des visages : il lui faut l'unicité de l'autre revenant à la *même* place pour faire miroir.
8. J. Lacan, *Ecrits*, Paris, Seuil, 1966, p. 109.
9. *Loc. cit.*, p. 188.

pourquoi, les troubles de l'espace et du temps des « phénomènes élémentaires » de la psychose paranoïaque sont des
déficiences *du* mode imaginaire, de ce mode selon lequel le
sujet constitue son monde dans la réalité sociale.

L'image du psychanalyste

L'expérience analytique est alors définie par Lacan comme un
procès où se « reconstitue » l'image « restaurée dans sa réalité
propre » de cause psychique [10]. D'où la fameuse définition de
son processus : « *induire dans le sujet une paranoïa dirigée* ».
Non pas : provoquer une paranoïa, mais la diriger *sur* l'image
du psychanalyste, de sorte que tout le *kakon* ignoré du sujet
soit projeté progressivement sur elle, pour qu'en retour
l'analyste le lui rende dans la nomination de son origine
historique. Ainsi, rattachée au réel par sa projection sur l'image
du dit psychanalyste, l'image est à mesure désassimilée du réel
par la nomination qui lui redonne son statut propre d'image.
Par là, de « diffuse et brisée » qu'elle était, elle s'élève chez le
sujet à la conscience de son « *unité* », soit à la réussite du
miroir : le sujet s'y reconnaît enfin [11].

Mais, à une condition absolue d'ascèse : que la personnalité de
l'analyste soit un « miroir pur d'une surface sans accidents » [12],
« un personnage aussi dénué que possible de caractéristiques
individuelles » [13] ; alors, peut s'opérer sur cet écran immaculé et
immobile un « transfert imaginaire » des *images* archaïques du
sujet. En 1936, l'année même de l'invention du stade du miroir,
Lacan décrit, dans un article intitulé « Au-delà du principe de
réalité », le déroulement de cet étrange phénomène en trois
pages étonnantes et pittoresques, qui prétendent transmettre au
lecteur ce qu'est la technique freudienne [14]. L'image silencieuse
du psychanalyste est une page blanche sur laquelle s'impriment
les traces de l'image qui *agit* le sujet parlant et souffrant. Ainsi,
se dessine peu à peu un portrait de famille : « image du père ou
de la mère, de l'adulte tout puissant, tendre ou terrible,

---

10. *Loc. cit.*, p. 85.
11. *Ibid.*
12. *Loc. cit.*, p. 109.
13. *Loc. cit.*, p. 106.
14. *Loc. cit.*, p. 83-5.

bienfaisant ou punisseur, image du frère, enfant rival, reflet de soi ou compagnon » [15]. En retour, au sujet qui ignore encore ce qui l'explique, l'analyste *par* l'interprétation lui montre un portrait : « tu es cela » [16]. Par sa parole surgie de son image, il tend au sujet un miroir où cette fois celui-ci peut se reconnaître en ce qui constitue l'unité de son moi enfin instaurée.

Telle est l'autre voie de résolution de la haine : non plus l'action suicidaire par le « crime », mais un passage à l'acte-de-projection d'une image sur cet écran vierge qu'est l'analyste. Moment d'émerveillement de la première rencontre avec Freud, Lacan découvrant en lui « l'usage génial qu'il a su faire de la notion de l'*image* » [17].

Destin d'un texte

Au Congrès de Marienbad, Lacan lit son texte sur le stade du miroir, mais avouera-t-il dix ans plus tard : « je ne donnai pas mon papier au compte-rendu du congrès » [18]. Quelle que soit la raison de cette rétention, désormais de cette place laissée vide va s'engendrer une suite de présentations du stade du miroir. Cette longue série n'est pas uniforme, mais se découpe selon une *périodicité* tout à fait repérable :

1) De 1938 (date de la première publication de quelques éléments du stade du miroir dans l'*Encyclopédie Française*, tome VIII, pages 8'40-6 à 11) à 1952, dans chaque article publié, Lacan expose la spécificité du mode imaginaire. Il n'est pas l'illusoire, mais un « objet psychique » ayant sa causalité propre, non réductible à l'organique.

2) De 1953 à 1960, Lacan décrivant l'effet du symbolique *sur* l'imaginaire, modifie la présentation du stade du miroir dans ses articles et séminaires, pour le relativiser en tant que soumis à l'ordre symbolique. Il la formalise avec l'écriture du schéma optique.

---

15. *Loc. cit.*, p. 84.
16. La présentation descriptive d'un portrait est bien un des modes d'interprétation analytique. Mais a-t-elle pour effet un narcissisme satisfaisant ? Question à reprendre !
17. J. Lacan, *Ecrits*, Paris, Seuil, 1966, p. 88.
18. *Loc. cit.*, p. 185.

3) Mais de 1961 à 1980, il donne du stade du miroir une autre écriture - topologique - avec l'introduction du *regard* comme objet petit *a*, au lieu de l'Autre. Alors, loin d'être relativisé, le miroir prend sa dimension irréductible, en tant qu'imaginaire.

Trois présentations, trois périodes, déterminées par la lecture que fait Lacan du texte freudien. Mais, cette lecture sera toujours marquée par ce que fut pour Lacan sa première rencontre avec Freud, inoubliable : à propos de la paranoïa, la question du narcissisme et de son rapport avec la deuxième topique freudienne.

un retour à Freud

Langue

Quand les mots se feront-ils
de nouveau parole ?
Quand le vent sera-t-il levé d'un tournant dans le signe ?
Lorsque les paroles, lointaine largesse,
diront —
  sans qualifier pour donner sens —
lorsque montrant elles mèneront
au lieu
d'immémoriale convenance,
  — rendant les mortels à l'Usage convenant —
là où le chœur du silence appelle,
où le matin de la pensée, vers l'unisson,
en docile clarté se hausse.

Heidegger (traduit par R. Munier)

la chose lacanienne

> « *Pour ma part, j'ai essayé de ce qui a été pensé par Freud — je suis un épigone —, de manifester la cohérence, la consistance. C'est une œuvre de commentateur.* »

Lacan, le 2 novembre 1976 [1]

Avant 1953, Lacan n'est pas encore un commentateur de Freud. Du texte freudien, il en prend et il en laisse : opérant liaisons et déliaisons, il lie « *Le moi et le ça* » de 1923 à « *Pour introduire le narcissisme* » de 1914, et il délie le *Ich* de la fonction perception-conscience. Il appelle au départage : il s'agit, dit-il, de « considérer comme caduc ce qui l'est en effet dans l'œuvre d'un maître sans égal » [1 bis]. Ainsi, en 1946, Lacan est comme les autres analystes : chacun veut apporter sa pierre à l'édifice analytique en *choisissant* ce qui du texte freudien est à renouveler (mot chéri de l'herméneutique !) en le dégageant de ce qui est à laisser choir. Bref, il est lacanien.

Or, en 1953, Lacan passe de l'hérésie qui choisit dans le texte au schisme qui fait coupure institutionnelle. Rompant avec la Société parisienne de psychanalyse, il prend *tout* le texte freudien : quelle prétention, soutenue par une idéologie de progrès, de croire que l'on peut dépasser Freud ! On le prend ou on le laisse. On l'accompagne ou on le quitte. Voilà donc Lacan devenu freudien... et commentateur de Freud !

L'année 1953-54, en son premier séminaire à Sainte-Anne, Lacan, invitant J. Hyppolite à présenter *Die Verneinung* de

---

1. *Lettres de l'Ecole freudienne,* n° 21, p. 473. L'épigone est celui qui appartient à la deuxième génération, là où se situe Lacan, cf. *Ecrits*, page 73.
1 bis. *Ecrits*, page 179.

Freud, dit sans ambage : « Cet écrit manifeste une fois de plus la valeur fondamentale de *tous* les écrits de Freud. Chaque mot mérite d'être mesuré à son incidence précise, à son accent, à son tour particulier, mérite d'être inséré dans l'analyse logique la plus rigoureuse »[2]. Et dans sa réponse à Hyppolite (réécrite en 1956) Lacan s'explique : il ne s'agit pas d'interroger le texte freudien « sur ses rapports à celui qui en est l'auteur » (on n'explique pas l'Oedipe par les rapports de Sigmund avec papa et maman), mais de le traiter « comme une parole véritable » et donc, « dans sa valeur de transfert »[3]. C'est dire que Freud en ce texte s'adresse à Lacan (et non l'inverse), lui pose des questions par ce qui manque en ses lignes ; en retour, Lacan a à *faire* répondre le texte même à ces questions. C'est cela l'exégèse : faire sortir un texte d'un autre. Ainsi, Lacan devient freudien en recevant ce texte comme une parole pleine « dans les termes de vocation et d'appel »[4], parole le mettant, lui, en place d'appelé et de « convoqué », dira-t-il plus tard en février 69 à la conférence de Michel Foucault au Collège philosophique.

La méthode est donc de prendre *tout* le texte freudien, et de le lire comme une parole adressée aux analystes, une parole qui les interroge par ce qui fait aporie dans le texte même. Celui-ci ne dit pas le tout de la découverte de l'inconscient ; et de ce pas-tout il nous interroge, bien plutôt que nous l'interrogeons à partir de nos propres problèmes. C'est ainsi que Michel Foucault définit le commentaire :

> « Il n'a pour rôle que de dire enfin ce qui était articulé silencieusement là-bas (...). Il permet de dire autre chose que le texte même, à condition que ce soit le texte même qui soit dit[5]. »

Avec le freudisme, le dire de Freud a été oublié derrière ce qu'il a dit, mais il n'est pas perdu dans ce qui s'entend. Il peut être retrouvé comme tout oubli. Or, retrouvant ce dire, que *lit* donc Lacan en ce qu'il dit ?

---

2. *Le séminaire, Livre I*, Paris, Seuil, 1975. Page 67.
3. *Ecrits*, page 381.
4. *Le séminaire, Livre II*, Paris, Seuil, 1978. Page 374.
5. *L'ordre du discours*, Paris, Gallimard, 1971, page 27.

Le 8 juillet 1953

Date importante. Après vingt ans de piétinement, de la thèse de 1932 à la communication à la Société de Psychanalyse de Londres, le 2 mai 1951, « *Some reflections on the Ego* »[6], Lacan commence enfin *un retour à Freud*, en un exposé qui inaugure la Société française de psychanalyse.

Ce qui fait nécessité du retour à Freud, c'est l'énonciation pour la première fois d'une triple nomination : *symbolique, imaginaire, réel*[7]. Le 16 novembre 1976, revenant sur cette date, Lacan dira : « J'ai énoncé le symbolique, l'imaginaire et le réel en 53, en intitulant une conférence inaugurale de ces trois noms, devenus en somme par moi ce que Frege appelle nom propre »[8].

Ainsi, selon Frege dans *Sinn und Bedeutung*[9], Lacan dit ceci : ces trois noms n'évoquent pas seulement une représentation en l'esprit de ses auditeurs. Plus encore, ils n'expriment pas seulement un sens (*Sinn*) comme le fait toute traduction du texte freudien en langue française, ou tout commentaire herméneutique qui vise à réactualiser le sens toujours neuf et jamais épuisé de la pensée de cet auteur appelé Freud. Ces trois noms sont liés à l'acte de fonder leur définition dans la référence ou la dénotation (*Bedeutung*) en tant qu'ils désignent l'objet même de la découverte freudienne et ont par là valeur de vérité. Les dire, c'est donc répondre à cette proposition de « la chose freudienne », énoncée à Vienne en 1955 : « Si Freud n'a pas apporté autre chose à la connaissance de l'homme que cette vérité qu'il y a du véritable, il n'y a pas de découverte freudienne »[10], mais au mieux une œuvre d'art, ou pire une imposture. Tel est le retour de Lacan à Freud : Lacan « extrait »[10 bis] de Freud ces trois noms faisant référence à la parole que Freud lui adresse. En effet, si « la psychanalyse a

---

6. *Internat. J. Psychoanal.*, 34, page 11-17, 1953.
7. Avec des minuscules. Pourquoi donc en effet les élever au statut de majuscules ?
8. Dans le séminaire intitulé « L'insu que sait de l'une-bévue s'aile à mourre ».
9. Traduit par « sens et dénotation » dans G. Frege, *Ecrits logiques et philosophiques*, Paris, Seuil, 1971.
10. *Ecrits*, page 406.
10 bis. Séminaire du 13 janvier 1975.

consistance des textes de Freud » [11] sous peine de n'en avoir aucune, encore faut-il que cette consistance soit montrée en sa présentabilité dans la dit-mension de la nomination. Et c'est pourquoi, Lacan ajoute aussitôt ce 16 novembre 1976 : « C'est l'extension de Lacan au symbolique, à l'imaginaire et au réel, qui permet à ces termes de consister ». Entendez : de consister *entre eux* en tant que les textes de Freud donnent consistance à la psychanalyse.

En ce jour du 8 juillet 1953, Lacan « fonde » donc trois noms, et ainsi inaugure son retour à Freud. Mais comment va-t-il le poursuivre dans les dix années qui viennent ?

— Le *réel* est seulement nommé, sans être encore montré.

— L'*imaginaire* déjà montré depuis 1932 va être repris et transformé en son rapport au symbolique.

— Le *symbolique* surtout va être promu et mis en avant, en sa *primauté* sur l'imaginaire.

La nouveauté effective de ce retour à Freud en ces premières années (53-63) est essentiellement l'introduction du *symbolique*. Lacan franchit le pas : il passe de l'*imago* à l'inconscient *en insérant celui-ci dans le symbolique*. Tel est le programme qu'il énonce, deux mois après, dans le fameux premier *Discours de Rome* (qui ne fut jamais prononcé, mais écrit, distribué, discuté au Congrès de septembre). Mais, pour montrer la nécessité d'introduire le symbolique, Lacan commence par une critique sévère de la relation dite imaginaire.

Une reprise du stade du miroir

Ces trois ordres sont dans le texte freudien. Encore faut-il le montrer et le démontrer. C'est ce que Lacan commence dès l'année 1953 en son séminaire à Sainte-Anne, en exposant le *rapport* du symbolique à l'imaginaire. Ce rapport est posé comme étant de *primauté*.

---

11. Proposition du 9 octobre 1967 sur le psychanalyste de l'Ecole, dans *Scilicet I*, Paris, Seuil, 1968.

Or, cette position est à lire dans le texte freudien : il n'a de consistance qu'ainsi. En quels textes ? Non pas d'abord, comme on pourrait le croire, en ceux de la première topique, mais en ceux de la seconde. Depuis sa thèse de 1932 jusqu'à sa dernière conférence en 1980 [12], la deuxième topique fut au centre de la recherche de Lacan. Ainsi, l'enseignement public de Lacan dès 1953 est une nouvelle lecture de la deuxième topique pour montrer que la prévalence du symbolique sur l'imaginaire est celle même de l'idéal du moi sur le moi idéal.

Enoncé décisif en ce qu'il met en question la présentation répétée du stade du miroir depuis 1936. Le stade du miroir lu *dans* la deuxième topique de Freud exige une écriture freudienne du stade du miroir lacanien : refonte radicale, excluant le simple rajout, selon lequel il y aurait d'abord l'imaginaire du miroir chez l'enfant, puis en un deuxième temps par la présence de l'adulte l'instauration du symbolique. Non, d'emblée, d'entrée de jeu, le symbolique se superpose à l'imaginaire et le détermine.

Cette écriture commencée en 1953 trouvera sa marque conclusive (en attendant une nouvelle interrogation) en 1958 avec la « *Remarque sur le rapport de Daniel Lagache : Psychanalyse et structure de la personnalité* » [13]. Comme il le fit souvent, Lacan au cours de ces cinq années conteste sa propre présentation première par l'intermédiaire du miroir d'un *alter-ego* : Balint, puis Lagache. Rectification portant sur ces deux points essentiels : l'analyse est un procès qui « reconstitue » et « restaure » l'*imago* narcissique [14], et cette réussite de l'*imago* s'accomplit grâce à un transfert d'ordre « imaginaire » sur la personne de l'analyste [15].

Il n'est pas possible de saisir l'enjeu de la deuxième topique dans « *le Moi et le Ça* » (1923) et dans « *Psychologie des groupes et analyse du moi* » (1921), sans tenir compte de « *Pour introduire le narcissisme* » de 1914. En effet, ce qui s'élabore de

---

12. En juillet 1980 à Caracas, où il présente le schéma de Freud, dit de l'œuf, du chapitre deux du « Moi et le Ça » (1923).
13. Avec l'écriture dite du schéma optique. Cf. *Ecrits*, pages 674 et 680.
14. *Ecrits*, page 85.
15. *Ecrits*, page 107.

1914 à 1920, c'est le problème de l'identification soit du rapport d'un dehors à un dedans.

Ce qu'établit Freud par la relation entre le moi idéal (*Idealich*) et le moi (*Ich*) est l'identification imaginaire, c'est-à-dire ce que montre en sa pureté le stade du miroir : si l'enfant jubile à anticiper dans le miroir de son semblable la maîtrise, la prestance et la stature qu'il n'a pas, c'est que le moi idéal qu'est l'image de l'autre est la matrice formatrice du moi. Identification selon laquelle l'enfant a une représentation de lui-même comme image du corps. C'est ainsi que se constitue le moi : « Le moi, écrit Freud, est à l'origine un moi corporel, il n'est pas seulement un être de surface, mais il est lui-même la projection d'une surface » [16]. Or, comme nous l'avons vu, cette aliénation première qui n'est pas seulement de connaissance, mais d'amour, interdit la coexistence réciproque et entretient une oscillation sans fin entre la captation de l'autre qui fascine mon regard, et sa destruction *en tant même* qu'il soutient et supporte le moi. Impossible de tenir compte de l'être de l'autre en cet état de tension qui sont *ou* l'élation euphorique *ou* la dépression agressive. Tel est le narcissisme de la *Verliebtheit* : en ce cadre là, seul un rapport duel peut s'établir, où le pulsionnel s'organise suivant l'alternative : bouffer - être bouffé ; expulser - être expulsé ; voir - être vu. Pas de place pour « un nouveau sujet » (*Ein neues Subjekt*, dit Freud) avec le troisième temps pulsionnel de l'actif réfléchi qu'est le *se faire*...

Pour le dire autrement, au sens optique, l'image n'est jamais au point, si l'on reste au niveau imaginaire moi-idéal → moi. Or, ce sans-issue est le signe d'une abstraction ; sa pathologie nous indique *a contrario* et après coup que concrètement se superpose à cette relation une autre dimension qui lui apporte régulation et résolution : la dimension *symbolique* qu'est l'idéal du moi. Lacan lit ainsi cette instance tierce dans le texte freudien et modifie par le fait même l'écriture du stade du miroir.

En effet, l'enfant est dès avant sa naissance inscrit dans un univers symbolique qui détermine sa place. Or, cet ordre se subordonne l'ordre imaginaire ; la parole de nomination en

---

16. Le Moi et le Ça. Nouvelle traduction française dans *Essais de psychanalyse*, Payot, pages 238 et 239.

l'Autre, lieu des signifiants, vient se conjoindre à la vision de l'autre. L'aliénation imaginaire par laquelle le sujet *voit* son désir sur l'image de l'autre, se double de l'aliénation symbolique par laquelle le désir du sujet est *reconnu* comme désir du désir de l'Autre. Ainsi, alors que le moi est vu en le moi-idéal, sans que le sujet ne s'y reconnaisse, en retour par la *parole* répondant à la demande d'amour, le sujet se reconnaît en ce qu'il voit. L'élément tiers symbolique place le sujet en un point d'où sa propre image est au point.

A l'introjection symbolique de l'idéal du moi sur le moi vient correspondre la projection imaginaire du moi sur le moi idéal. Tel est le mouvement incessant *d'aller et de retour* qui scande l'histoire du sujet.

Le 7 juillet 1954, à la fin de son premier séminaire, Lacan en donne le schéma suivant [17] :

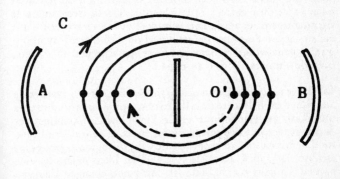

Le processus analytique est représenté par la spirale qui va de C à O. Ce qui se dit en A, du côté du sujet, se fait entendre en B du côté de l'analyste. Or, cette progressive assomption parlée de l'histoire du sujet a pour effet une *complémentation de l'imaginaire* : ce qui est du côté de O' (le moi idéal) passe du côté de O (le moi). En effet, si l'analyste entend vraiment ce

17. *Le séminaire, Livre I*, Paris, Seuil, 1975, page 312.

discours, *en retour* le sujet aussi. Or, « l'écho de son discours est symétrique au spéculaire de l'image » ; et c'est pourquoi *par* l'assomption parlée de son histoire, le sujet accomplit peu à peu la réalisation de son imaginaire : du point C au point O.

Par voie de conséquence, le rapport imaginaire d'amour et de lutte à mort entre pairs, trouve sa résolution : à l'*ou bien... ou bien* se substitue la coexistence de l'un *et* l'autre, dans le pacte et le symbole (*sym-bolon*) [17bis]. Telle est la subversion du stade du miroir par la triangulation : l'enfant se voyant en son semblable se tourne vers l'adulte pour cueillir de sa parole un signe de sanction, à partir *d'où* il peut éventuellement se voir comme aimable et satisfaisant.

Autre exemple, le moi idéal c'est le fils de famille qui exhibe une voiture de sport pour prendre des risques, de façon à se montrer le plus fort, à épater la galerie et éblouir une fille. Mais, s'il se voit ainsi dans sa belle bagnole, c'est à partir d'un *point* situé dans l'ordre symbolique en tant qu'il est le fils *de* papa et de nul autre : « fils à papa ». Or là, fonctionne le signifiant père ; et ainsi, dans la mesure où il a « introjecté » une constellation d'insignes qu'est l'idéal du moi d'ordre symbolique, il peut *ensuite se voir* poussant sportivement sa voiture, *hors* de l'univers social de papa [18].

Tel est le frayage de Lacan en ces années cinquante : avancer de nouveau dans la lecture de la deuxième topique pour montrer la spécificité du symbolique et de l'imaginaire. Comment les distinguer le plus nettement, sinon en lisant ce qu'écrit Freud sur l'identification, au chapitre 7 de « *Psychologie des groupes et analyse du moi* » de 1921 : « ... Die Identifizierung eine partielle, höchst beschränkte ist, nur einen einzigen Zug von der Objektperson entlehnt » [19]. Comment traduire sans faire équivoque sur l'imaginaire de la relation moi idéal - moi ? « L'identification est une identification partielle, extrêmement

---

17 bis. Le *symbolon* est le tessère, l'objet coupé en deux, à assembler (*symballein*) pour faire signe de reconnaissance entre deux partenaires.
18. Sémin. du 31 mai 1961 : « Le transfert dans sa disparité subjective, sa prétendue situation, ses excursions techniques ». Transcription critique du bulletin *Stécriture*.
19. *Studienausgabe*, Band IX, page 100.

limitée, et n'emprunte qu'un seul trait (*ein einziger Zug*) à la personne-objet ». Le *Zug* est-il un trait de la *Gestalt* qui fait signe ? Ou un signifiant dans une batterie signifiante ? De même, l'*einziger* est-il le un qui fait unité corporelle de l'image, ou le un comptable du tracé ? Telles sont les questions posées par cet enjeu : la conduite de l'analyse.

La non-complétude de l'image

En effet, dans le passé du sujet cette fonction de reconnaissance par l'instauration de l'idéal du moi *peut* avoir manqué. Il y a eu des impossibilités liées à l'histoire du sujet, qui font que certaines parties de l'image du moi ne sont jamais vues, parce qu'elles n'ont pas été reconnues. Eh bien, dit Lacan : « ça, c'est l'inconscient ! » [20]. Surprenante affirmation !

Des psychanalystes, tel René A. Spitz, ont expliqué certaines de ces impossibilités par un hospitalisme précoce de nourrissons séparés après deux ou trois mois de leur mère. Confiés par groupes d'une dizaine à une nurse, ils n'ont souffert d'aucun manque de soins physiques : nourriture, logement, propreté, analyses médicales... Et pourtant, comparés à d'autres nourrissons du même âge confiés dans une nurserie moins *up to date* à leur propre mère, ils présentent très tôt par rapport à ces derniers des retards manifestes dans le développement moteur, l'apprentissage de la propreté et l'acquisition du langage. Que leur a-t-il manqué ?

Suffit-il d'expliquer ce marasme par une carence affective, la nurse s'occupant de dix enfants et la mère d'un seul ? En quoi partager à dix la demande inconditionnelle d'amour avec des partenaires fraternels serait-il néfaste ? Il semble bien que le point décisif est celui de la formation de l'idéal du moi ; en effet, l'enjeu de ce qu'on appelle la relation d'« objet libidinal » avec l'adulte privilégié - génitrice ou nurse ! - ce n'est pas que cet objet soit « bon », c'est à l'occasion de cette relation la levée de *l'anonymat*, et la possibilité offerte d'une identification symbolique comme déterminant le statut de l'image.

---

20. *Le séminaire, Livre I*, Paris, Seuil, 1975, page 188.

De même, dans les maternités, lorsqu'une femme au cours de l'accouchement crie de douleur, et se sent honteuse de son *image*, qu'est-ce qui peut lui éviter de verser dans la conviction d'être abandonnée ou plus encore persécutée ? Est-ce le niveau technologique des contrôles et interventions ? Est-ce même la présence attentive d'une équipe solidaire où chacun est interchangeable ? Ou bien autrement : n'est-ce pas l'unicité d'*un* visage et d'*un* nom propre, garants, par delà le rythme d'absence et de présence, d'un pouvoir de réponse (responsabilité), *d'où* peut se réactualiser le repère symbolique d'un « *einziger Zug* » ?

Dans le processus analytique, ce qui est rencontré, ce sont justement des images inconstituées et régressives du sujet, liées à tels moments et événements du passé. De quelle façon rencontré ? Par l'association libre des pensées, par la libération des ancrages de la parole à telle image stable et actuelle, le processus analytique fait osciller le miroir et par là apparaître les identifications *successives* (imaginaires et symboliques) du sujet en son histoire. Or, dans ce procès d'historisation se révèlent des trous, des points de fracture, tout ce non historisé que fut une *fixation* : le non-vu dans le miroir. Et ceci, parce qu'une parole a manqué dans l'histoire du sujet, parole qui bâillonnée ne se trouve que latente dans les symptômes, inhibitions, angoisses.

Qu'apporte donc de neuf l'analyse ? Quel est son but ? Est-ce la nécessité d'une complétude de l'imaginaire par l'effet de la constitution de l'idéal du moi ? S'il est vrai que le processus analytique par la libération des amarres de la parole, permet une projection narcissique maximale et une avancée dans les mirages de la *Verliebtheit*, peut-on dire que c'est là sa visée ? A partir de 1953, Lacan, corrigeant ses premières positions, prend le parti de répondre : *non*. Ainsi, Freud avait-il par sa parole à reconnaître en Mme K. - la dame de Dresde - le *Ichideal* (idéal du moi) de Dora, le soutien de son narcissisme, l'appui de son être-aimée ? Certainement pas. S'il a laissé l'analyse de Dora en plan, ce n'est pas de ce manque-là.

L'enjeu est ailleurs : non pas la complétude de l'image narcissique, mais la reconnaissance du désir par la nomination, en tant que le désir du sujet est le désir de l'Autre (*de Alio* : au sens objectif et subjectif). Or, que suppose donc la réalisation d'un tel enjeu, sinon une intégration du sujet dans *son* système symbolique et non dans celui de l'analyste ? C'est là qu'il y a à choisir : l'analysant dans la recherche de cette réalisation symbolique, demande celle-ci du côté de l'analyste. Si celui-ci y satisfait par des appréciations personnelles et la suggestion de son propre système de valeurs, en vertu d'un désir-d'être-analyste peu averti, alors en effet il donne pour but à l'analyse la complétion de l'image narcissique par identification à l'idéal du moi de l'analyste. Or, c'est là idéal utopique, celui même de la *Verliebtheit* : analyse indéfinie, indéfinie sous peine de se résigner par fatigue à la déception qu'apporte la plate réalité : « Allez-y, maintenant vous êtes un enfant sage » [21].

Plus fermement encore, deux ans après, le 16 novembre 1955, Lacan avancera : « Authentifier tout ce qui dans le sujet est de l'ordre de l'imaginaire, c'est à proprement parler faire de l'analyse l'antichambre de la folie » [22]. Or, l'analyse justement conduite ne mène pas de ce côté-là ; elle est *lecture* de l'univers symbolique *du* sujet, en son histoire singulière avec ses accrocs, ses trous, ses impératifs aveugles aux figures obscènes et féroces, - bref de tout ce qui est resté de non-réalisé dans l'ordre symbolique. Le don de la parole y a effet de naissance de ce qui n'a pas été *en cet ordre-là*, par une mutation en un « aura été » : élévation du particulier à l'universel, dans la chute de l'accidentel.

Ainsi, Lacan se répond à lui-même. Il se rectifie en répondant en ces années-là à son « ami » Balint et son « collègue » Lagache :

1. Loin de constituer ou de restituer l'*imago*, l'analyse produit une « dépersonnalisation » [23], signe non d'une butée contre une limite à déplorer, mais de franchissement de celle-ci (n'en déplaise aux défenseurs du personnalisme et du respect de la personnalité totale !).

---

21. *Ecrits*, page 619.
22. *Le séminaire, Livre III*, Paris, Seuil, 1981, page 23.
23. *Le séminaire, Livre I*, Paris, Seuil, 1975, page 258 ; de même, dans *Ecrits*, page 680. Nous y reviendrons plus loin.

2. Loin d'être seulement imaginaire[24], projection sur ce miroir vide qu'est l'analyste en son moi, le transfert est *symbolique*, en tant qu'il est inscription en un autre lieu, ce lieu étant celui de la parole : dès qu'un sujet parle à un autre, il fait exister l'Autre (avec un grand A) : « chaque fois qu'un homme parle à un autre d'une façon authentique et pleine, il y a au sens propre transfert, transfert symbolique »[25].

Double tournant de Lacan, qui n'est pas certes sans poser à son tour de nouvelles questions : qu'est-ce donc que l'inconscient ? Et, s'il n'y a pas de complétude de l'image, y en a-t-il par contre dans le symbolique ? L'analyse est-elle *totalisation* de l'histoire du sujet dans l'Ἕν Πάντα d'Héraclite cher à Heidegger ?

24. Comme Lacan l'affirmait autrefois. Cf. *Ecrits*, page 107.
25. *Le séminaire, Livre I*, Paris, Seuil, 1975, page 127.

l'exhaustion
dans le symbolique

Il est vrai que la deuxième topique n'a pas été amenée par Freud sans raison, et c'est bien par elle que Lacan a été d'abord intéressé par le texte freudien. Mais, qu'en est-il de l'inconscient ? En quoi l'introduction de l'inconscient détermine-t-elle la pratique analytique ? Il y a là une difficulté bien particulière à l'analyse, d'autant plus que l'inconscient ne se montre pas à ciel ouvert. Il nous faut voir maintenant par quelle voie Lacan, passant à la *première* topique, va lier l'inconscient au symbolique. Il procède d'abord pédagogiquement par la distinction *formelle* de deux sortes de relations présentes l'une et l'autre en tout rapport humain. Ceci, pour situer d'où opère la pratique analytique. La première, d'ordre imaginaire, est celle entre deux *moi* ; la seconde, symbolique entre deux *sujets*. De là se fondent les équivalences suivantes :

imaginaire	*symbolique*
— connaissance paranoïaque et spatialisation	— reconnaissance dans le symbole et historisation
— *visualisation* de l'autre en tant que connu	— subjectivation de l'Autre dans la *parole* qui reconnaît au-delà du connu
— la *Gestalt* détermine la signification	— la *lettre* du signifiant détermine le sujet
— la destruction de l'autre	— la coexistence par le pacte
— l'amour, la haine et l'ignorance comme passions du moi	— le désir du sujet comme désir de l'Autre
— les pulsions de vie et le principe du plaisir-déplaisir	— la pulsion de mort et l'au-delà du principe du plaisir-déplaisir

Or, ces deux voies *s'excluent* : « Le désir lui-même, pour être satisfait dans l'homme, exige d'être reconnu par l'accord de la parole *ou* par la lutte de prestige, dans le symbole *ou* dans l'imaginaire » [1]. Ainsi, analyser serait choisir la première voie. Mais cette distinction théorique s'efface chez Lacan devant une autre, fondamentale : celle entre la parole et le langage.

Parole ou langage ?

Explorant le symbolique lui-même, Lacan est frappé, dans le diagnostic qu'il fait de la société, par trois paradoxes concernant les rapports dans le sujet de la parole et du langage [2] :

— Paradoxe de la folie, où se trouve un langage sans parole, spécialement chez ceux et celles qui sont affectés aujourd'hui « à des services sociaux afférents au langage » [3].

— Celui de la névrose, où la parole existe ; mais fixée dans le symptôme, elle est séparée du langage par le refoulement.

— Celui enfin de l'homme moderne ; aliéné dans la civilisation scientifique, il y objective sa parole en un langage universel et y perd le sens de son existence en une œuvre commune. Sur ce point, Lacan amorce une thèse qui lui est chère : celui du *mur* du langage comme s'opposant à la parole.

Ainsi, trois fois, il y a échec de l'identité exigible de l'universel du langage et du particulier de la parole, d'un je qui soit un nous et d'un nous qui soit un je (Hegel). Aujourd'hui, « à mesure que le langage devient plus fonctionnel, il est rendu impropre à la parole, et à nous devenir trop particulier, il perd sa fonction de langage » [4]; entendez : il ne fait que conforter le narcissisme du moi.

Bref, il y a opposition entre le langage et la parole : là est la difficulté concrète de la psychanalyse. Cette opposition vient en effet *se superposer* à la distinction entre imaginaire et

---

1. *Ecrits*, page 279.
2. *Ibidem.*
3. Ceci est une reprise d'une constatation faite dans la thèse de 1932 sur l'utilité des institutions à règlements stricts et à idéal élevé.
4. *Ecrits*, page 299.

symbolique. Lacan présente cette objection capitale avec l'écriture du schéma L, au cours du séminaire du 25 mai 1955, qui marque un moment important[5] :

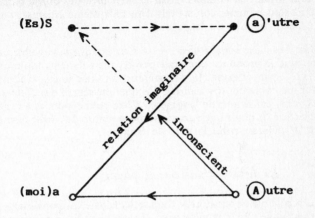

Au plan spéculaire de la relation imaginaire a-a' s'oppose la relation symbolique que serait l'inconscient (S-A). Mais celle-ci est-elle *de l'ordre de la parole ou du langage* ? Telle est la question.

Lacan introduit ce séminaire en décrivant le pas accompli par Newton : par les trois petites lettres inscrivant dans un champ unifié par le langage la loi de la gravitation, Newton a fait taire les planètes. Grâce au langage, les planètes ne parlent plus, c'est-à-dire perdent leur valeur de symbole naturel et ne peuvent plus nous mentir. Le langage, c'est fait pour cela : faire mur.

Or, que montre le schéma L ? « Il y a le plan du miroir, le monde symétrique des *ego* et des autres homogènes. Il faut en distinguer un autre plan que nous allons appeler le mur du langage ».

Et il continue ainsi : « C'est à partir de l'ordre défini par le mur du langage que l'imaginaire prend sa fausse réalité, qui est tout

5. *Le séminaire, Livre II*, Paris, Seuil, 1978, page 284.

de même une réalité vérifiée. Le moi tel que nous l'entendons, l'autre, le semblable, tous ces imaginaires sont des objets. Certes, ils ne sont pas homogènes aux lunes — et nous risquons à tout instant de l'oublier. Mais ce sont bien des objets parce qu'ils sont nommés comme tels dans un système organisé, qui est celui du mur du langage » [6].

Mais, les sujets sont au-delà : « Ce sont eux que je vise chaque fois que je prononce une vraie parole, mais j'atteins toujours a',a'',... par réflexion. Je vise toujours les vrais sujets, et il me faut me contenter des ombres. Le sujet est séparé des Autres, les vrais, par le mur du langage » [7]. C'est pour répondre à cette objection de poids que Lacan invente la notion de parole *pleine* qui franchirait enfin le mur du langage.

La fiction d'une parole pleine

La parole pleine serait celle du psychanalyste, ni impuissante, ni utopique. Pour le faire saisir, Lacan identifie le psychanalyste à la figure du maître antique. Imaginez non une société (mot trop moderne), mais une cité de maîtres, où le je soit un nous et le nous un je, où le dehors (social) soit le dedans (psychique) et le dedans tout au dehors, où le bien de chacun et le bien commun coïncident. Alors, lorsque le maître parle, ça marche. Pourquoi ? Parce que ce qui soutient cette cité dans la cohésion *intersubjective* - qu'elle connaisse la paix ou la guerre, le bonheur ou le malheur ! - c'est une orthodoxie, c'est-à-dire ce que l'opinion reconnaît comme juste quant à la conduite éthique à tenir (opinion commune évidemment ; sans quoi, pas de cité !).

Or, sans se casser la tête, le maître dit spontanément les mots nécessaires qui font agir la cité toute entière, *parce qu*'ils correspondent à ce qu'il y a *déjà* en elle d'*orthos* dans sa *doxa*. Le maître parle juste et touche juste, parce qu'il dit à la cité les signifiants-maîtres, ceux mêmes qui *l'ordonnent* comme cité. Il

---

6. Cette nomination n'est-elle pas celle que Lacan préconisait avant 1953, et qu'il attribue ensuite à Balint ? Elle a une fonction d'intégration de l'unité de l'image.
7. *Le séminaire*, *Livre II*, Paris, Seuil, 1978, page 286.

n'argumente pas : ce n'est pas nécessaire (pas encore !). En celui qui est à la fois un orateur, un homme politique et un amoureux de la langue, l'art du bien-dire suffit.

Qui ne rêve d'une telle cité ? Pour Hegel, pour les nostalgiques du *Volksgeist*, pour Maurras, n'est-ce pas la cité athénienne du siècle de Périclès ? Pour un ethnologue, telle « société » primitive ? Pour un homme d'aujourd'hui, tel moment intense d'unanimité dans un stade lors d'un championnat de foot-ball, ou dans les arènes lors d'une course de taureaux ? Pour tels membres d'une « communauté nationale », comme on dit, le ton selon lequel un de Gaulle parle de la France ?

Au cours du séminaire du 24 octobre 1954, Lacan choisit Thémistocle et Périclès : « Ils sont au cœur de l'histoire où un dialogue est engagé, alors qu'aucune espèce de vérité n'y est repérable sous la forme d'un savoir généralisable et toujours vrai. Répondre ce qu'il faut à un événement en tant qu'il est significatif, qu'il est fonction d'un échange symbolique entre les êtres humains - ce peut être l'ordre donné à la flotte de sortir du Pyrée -, c'est faire la bonne interprétation. Et faire la bonne interprétation au moment où il faut, c'est être bon psychanalyste » [8]. C'est encore possible, parce que les sophistes n'ont pas encore introduit le doute sur les signifiants primordiaux en interrogeant sur leur signifié, et parce qu'en réponse Platon et Aristote éducateurs de futurs maîtres n'ont pas encore introduit face à l'orthodoxie divisée le désir d'*épistémé*, la nécessité de *savoir ce qu'on dit* et donc d'aller à l'école.

La plus belle démonstration est celle du séminaire du 6 juin 1956 [9] où Lacan passant d'Athènes à Jérusalem analyse la scène I de l'acte I de l'*Athalie* de Racine. Que fait le grand prêtre Joad en injectant ce signifiant maître qu'est la crainte de Dieu dans les oreilles de l'officier égaré ? Il transforme celui-ci en un fidèle compact : aucune information, aucun savoir nouveau, mais une parole pleine qui institue une inter-subjectivité. Or, la culture d'aujourd'hui poursuit cette œuvre : une subjectivité créatrice y travaille souterrainement pour « renouveler la puissance jamais tarie des symboles dans l'échange humain qui

8. *Loc. cit.*, page 31.
9. *Le séminaire, Livre III*, Paris, Seuil, 1981, page 307-sv.

les met au jour » [10]. Et quel exemple Lacan en donne-t-il ? Ce que Freud n'a pas su voir dans l'Église et l'Armée : « Plus que jamais, la force des églises réside dans le langage qu'elle ont su maintenir : instance, il faut le dire, que Freud a laissé dans l'ombre dans l'article où il nous dessine ce que nous appellerons les subjectivités collectives de l'Eglise et de l'Armée. »

Mais, le paradigme pour le Lacan de ces années cinquante se trouve dans le *Tu es ma femme* et le *Tu es mon maître*, où pouvoir créateur de la parole et inter-subjectivité ne font qu'un.

Or - c'est là le but de son argumentation - l'analyste *est* la figure moderne des maîtres qui au cours des âges ont promu une parole capable de surmonter le mur du langage. Faisant une conférence en 1953 sur « le mythe individuel du névrosé » au Collège philosophique, Lacan ne craint pas de définir l'analyste comme celui « qui prend tout de même, d'une façon presque clandestine, dans la relation symbolique avec le sujet, la position de ce personnage très effacé par le déclin de notre histoire, qui est celui du *maître* - du maître moral, du maître qui institue à la dimension des relations humaines fondamentales celui qui est dans l'ignorance, et qui lui ménage ce qu'on peut appeler l'accès à la conscience, voire même à la sagesse, dans la prise de possession de la condition humaine » [11].

Dix ans plus tard, au moment de l'éclatement de la Société française de psychanalyse, il réaffirme sa conviction : « Si la société des maîtres est possible, cela doit être du côté des analystes » [12].

L'analyste n'est-il pas celui qui, selon la distinction de Max Weber, incarne aujourd'hui le pouvoir *charismatique* par le don de la parole dans le coup de l'événement (ce que Freud appelait « le saut du lion » !) en vue d'une *Gemeinschaft* (communauté), par-delà le pouvoir *rationnel* de la *Gesellschaft* (association) moderne et scientifique fondée sur le savoir et la technocratie ?

10. *Ecrits*, page 283.
11. *Ornicar ?*, n° 17/18, page 293.
12. Enoncé rapporté par Moustapha Safouan dans *Jacques Lacan et la question de la formation des analystes*, Seuil, 1983, page 44.

Sa parole est un acte, et il n'y a pas à s'expliquer sur elle, comme en poésie... sous peine de la détruire :

« Un coup de *ton doigt* sur le tambour décharge tous les sens et commence la nouvelle harmonie.

Un pas *de toi*, c'est la levée de nouveaux hommes et l'heure en marche.

Ta tête se détourne : le nouvel amour !

Se retourne : le nouvel amour !» (A une raison. Arthur Rimbaud).

Vérité et poésie

Arthur Rimbaud dans sa lettre du 15 mai 1871 écrivait : « La poésie ne rythme plus l'action ; elle *sera en avant* !» La psychanalyse est la possibilité offerte à quiconque de libérer une parole gelée dans le symptôme, et de laisser faire ce travailleur assidu qu'est l'inconscient freudien, qui *parle* en ses formations. Elle est un nouveau poumon, un lieu de respiration de la parole *poïétique* oubliée et perdue chez l'homme moderne. Ceci doublement.

En effet, que la parole soit « en avant » implique un double dégagement :

1. La parole n'est pas un organe en vue d'une communication de savoirs, un outil au service d'une transmission d'informations. Mais elle *est* la maison de la vérité, une *dit-mension* : « Moi, la vérité, je parle », disait Lacan la laissant parler à Vienne en 1955 ; car elle n'existe pas autrement qu'en parlant. Sa demeure est l'opinion (la *doxa*), soit tout ce qui se dit en son actualité et est reconnu socialement, au moins par quelques-uns. Son royaume est de l'ordre de l'on-dit-que..., des « histoires » et des potins : nous sommes tous des concierges, n'en déplaise aux doctes éducateurs ou aux missionnaires militants.

2. « Elle ne rythme plus l'action » : elle n'est pas une *théôria* qui surplombe et éclaire l'action, une lumière à contempler,

puis à appliquer dans la pratique. Elle est « en avant », parce qu'elle engendre *elle-même* un chemin, sans que le Je sache ce qu'il dit ni qui le dit. Elle court devant et le Je ne peut être à sa hauteur : il n'y a pas de métalangage.

Il reste donc que les vagues de noms propres pour couvrir cette absence de métalangage. En effet, n'importe qui en son nom peut dire : « Je dis toujours la vérité ». Ce n'est pas là affirmation prétentieuse du moi, ni à l'inverse effacement dans l'anonymat par le démenti du « ce n'est pas moi qui... », mais c'est la parole même, traversant tout un chacun, ni plus ni moins qu'un autre : « préséance de la poésie », disait Heidegger. Et nul n'en est exclu en raison du langage qu'il habite :

« N'est-ce pas, chez Freud, disait Lacan, charité que d'avoir permis à la misère des êtres de se dire qu'il y a - puisqu'il y a l'inconscient - quelque chose qui transcende, qui transcende vraiment, et qui n'est rien d'autre que ce qu'elle habite, cette espèce, à savoir le langage. N'est-ce pas, oui, charité que de lui annoncer cette nouvelle que dans ce qui est sa vie quotidienne, elle a avec le langage un support de plus de raison qu'il n'en pouvait paraître, et que, de la sagesse, objet inatteignable d'une poursuite vaine, il y en a déjà là ? » [13].

L'analyse comme exhaustion dans le symbolique

Cette fiction du don de la parole pleine par l'analyste pourrait facilement mener à l'arbitraire et à l'exaltation. Lacan tente d'y remédier, en quittant la description historique, selon laquelle le langage ne serait qu'un mur qui réduit l'autre à un objet. Il franchit le pas à la fin de son deuxième séminaire, en 1955, en introduisant le schéma L. Il pose alors la question : qu'est-ce qui fait qu'une parole est pleine ? Pourquoi une parole ne se réduit-elle pas à un pur bla-bla-bla ? Si l'efficace de la parole du maître vient de l'*orthodoxa* qui la soutient, où donc celle-ci a-t-elle son fondement ? Lacan y répond ainsi : le langage est « la condition radicale » [14] de la parole en tant que pleine.

---

13. *Le séminaire, Livre XX*, Paris, Seuil, 1975, page 88.
14. *Le séminaire, Livre II*, Paris, Seuil, 1978, page 360.

Véritable renversement qui surprend ses auditeurs étonnés ! En effet, à partir du 30 mars 1955 et du commentaire de *La Lettre volée* de E. Poe, Lacan introduit l'ordre *symbolique* proprement dit comme pur langage, combinatoire inscrivant des places. Il l'introduit de diverses manières, dont deux particulièrement frappantes : par la cybernétique d'abord, où l'alternance binaire minimale du 0 et du 1 inscrit la présence sur fond d'absence et l'absence comme condition de la présence symbolique. Plus encore, commentant le premier verset de l'évangile de Jean, il montre malgré la résistance de ses auditeurs, que l'*in principio erat verbum* n'établit pas la primauté de la parole, mais du langage. Si parler n'est pas simplement nommer ce qui est là, mais faire advenir à l'être ce qui n'est pas et instaurer un 1 à partir de 0 (*ex nihilo*), c'est en vertu de cette structure qu'est le langage comme condition (*principium*) de la parole opérante.

Ainsi, à partir de là, se conçoit que l'*inconscient*, structuré comme un langage, est d'ordre symbolique et donc ce qui détermine le processus de l'analyse. En effet, qu'est-ce donc que l'inconscient freudien ? « L'inconscient est cette partie du discours concret en tant que trans-individuel, qui fait *défaut* à la disposition du sujet pour rétablir la *continuité* de son discours conscient » [15]. Cette définition du Discours de Rome engage celle du processus analytique : « *restitution* de la continuité » [16]. Et ceci, par la parole pleine, puisqu'il s'agit d'établir une « continuité intersubjective du discours où se constitue l'histoire du sujet » [16]. Ce qui autrefois n'est pas venu à temps dans la reconnaissance du sujet par le symbole, reste suspendu. Mais le procès analytique, parce que symbolique, « c'est que le non-être vienne à être, qu'il soit parce qu'il a parlé » [17].

C'est possible, parce que la vérité du chapitre censuré, de la page en blanc, du non-reconnu et de l'in-sensé dans l'histoire du sujet, peut être retrouvé dans ses déplacements symptomatiques. Là où il y a eu mal-entendu, qu'advienne un bien-entendu ! Ainsi, Lacan présente-t-il la fin de l'analyse comme une œuvre d'achèvement symbolique : « ce que nous appre-

---

15. *Ecrits*, page 258.
16. *Ibidem*.
17. *Le séminaire, Livre II*, Paris, Seuil, 1978, page 354.

nons au sujet à reconnaître comme son inconscient, c'est son histoire, c'est-à-dire que nous l'aidons à *parfaire* l'historisation actuelle des faits qui ont déterminé déjà dans son existence un certain nombre de « tournants » historiques » [18].

Le tournant de 1953 est tel : à l'incomplétude par essence de l'*imago* répond la *complétude* de sens. Et ceci, par le *symbolique* où se réconcilie l'universel du langage et le particulier de la parole. C'est pourquoi le primat du symbolique repose sur cette *triple* supposition : parole pleine, intersubjectivité et exhaustion de l'histoire du sujet dans le symbolique.

Ce qui aboutit logiquement - Lacan le reconnaît - puisque le désir est désir de « rien », à ce que le sujet assume la limite même de son historicité, soit son être-pour-la-mort, limite « à chaque instant *présente* en ce que cette histoire a d'achevé » [19]. Et comment donc ? Sinon par la mort volontaire qui « constitue dans le sujet l'éternisation de son désir » [20] : « Empédocle se précipitant dans l'Etna laisse à jamais présent à la mémoire des hommes cet acte symbolique de son être pour la mort » [21]. Telle est la fin du Discours de Rome.

L'imaginaire irréductible

De cette période des années cinquante, Lacan s'éloignera à partir de 1964 ; nous verrons comment. Il doutera de plus en plus du pouvoir créatif de la parole, pour affirmer finalement en 1980 qu'il n'y en a pas. Il ironisera sur le titre du Discours de Rome : « fiction et chant de la parole et du langage » [21bis]. Il s'agissait alors, ajoutera-t-il, « de la fiction d'un texte décomplété » [22] pour désigner l'inconscient. Il dira qu'il n'y a pas d'intersubjectivité (ce serait délire à deux !), que parler de parole pleine ne valait pas plus que des paroles, soit « d'un air de sansonnet » [23]. Ainsi, il avancera que, pleine ou non, ce n'est

---

18. *Ecrits*, page 261.
19. *Ibidem*, page 318.
20. *Ibidem*, page 319.
21. *Ibidem*, page 320.
21 bis. « L'étourdit », dans *Scilicet*, n° 4, Paris, Seuil, 1973, p. 18.
22. *Le séminaire, Livre XI*, Paris, Seuil, 1973, page 78.
23. Séminaire du 15 avril 1975 : RSI.

pas la parole *Tu es ma femme*, qui peut faire tenir un couple ; tout au contraire, s'il reste noué, c'est « malgré ça » [23], et donc pour une autre raison qui n'est pas de l'ordre de la parole.

Cette ironie légère de Lacan sur son propre enseignement passé aura pour but de montrer ce que lui enseigne peu à peu son expérience analytique : qu'à donner le *primat* au symbolique sur l'imaginaire et le réel, l'analyste rend impossible qu'une analyse puisse se terminer. Il précisera alors : « Mettre ainsi l'accent sur la fonction du savoir de l'une-bévue par laquelle je traduis l'inconscient peut effectivement faire que la vie de chacun s'arrange mieux », mais est-ce la fin de l'analyse ? Non. La « préférence donnée en tout à l'inconscient » nécessite de refaire son analyse, « ce qu'on appelle couramment une tranche » [24]. L'enjeu est donc de poids. Mais, pour le moment, Lacan n'en est pas là. Ce sur quoi il bute, c'est *l'irréductibilité de l'imaginaire*. Le schéma L en témoigne. Les lignes en pointillé montrent bien qu'il n'y a pas de relation directe entre A et S. Une flèche horizontale indique la seule voie possible, celle qui va du grand Autre au moi [25] (cf. le schéma de la page 77).

Il faut s'y soumettre : seul le fou peut croire à un je qui soit à tu et à toi avec son partenaire, soit à l'intersubjectivité. Le chemin à suivre est autre : celui d'Aristote qui disait que l'homme pense *avec* son âme ; ainsi, le sujet parle *avec* son moi, et à un autre qui n'est pas un toi, mais un lui (n'en déplaise à Martin Buber et à ses thèmes : le Je et le Tu, la vie en dialogue !). Ainsi, dans la *Traumdeutung*, à son gourmand de mari, amoureux des formes pleines, la belle bouchère parle, mais elle lui parle *avec* l'image de sa chère amie : si pas de caviar pour elle, alors il sera désirant, c'est-à-dire... insatisfait !

Alors, si symbolique et imaginaire ne s'opposent pas concrètement, comment concevoir leur jonction ?

---

24. Séminaire du 14 décembre 1976.
25. *Le séminaire, Livre II*, Paris, Seuil, 1978, page 384.

Cette exaltation du symbolique lors des années cinquante, son primat sur l'imaginaire ne sont pas sans poser des questions, en particulier sur l'irréductibilité de l'imaginaire.

De la même façon, il faudra du temps à Lacan, beaucoup de temps, pour se dégager de la fascination de la figure du maître. Ce n'est qu'au cours de l'enseignement de l'année 1969-70 qu'il montrera que ce lien social qu'est l'analyse est *à l'envers* du discours du maître, plus exactement qu'il en est l'envers même. Ce qui soutient le maître, en effet, ce sont ces trois passions : l'amour, la haine et l'ignorance [26].

Cette correction vient-elle des conséquences qu'il a tirées des « événements » de mai 1968 ? S'adressant l'année suivante, le 3 décembre 1969, à plusieurs centaines d'étudiants au Centre Universitaire de Vincennes, il leur disait : « L'aspiration révolutionnaire, ça n'a qu'une chance : aboutir toujours au discours du maître. C'est ce dont l'expérience a fait la preuve. Ce à quoi vous aspirez comme révolutionnaires, c'est à un maître. Vous l'aurez ! » Et quand le maître est là, il n'y a plus de psychanalyse : il n'y a plus qu'à marcher au doigt et à l'œil.

Quelle que soit la valeur de l'hypothèse sur l'importance à attribuer à mai 1968, par contre ce qui est sûr, c'est que Lacan a pris ce tournant lorsqu'il s'est préoccupé de plus près non seulement de la fin de l'analyse, mais du passage de l'analysant à l'analyste. Avec un maître, il n'y a en rien moyen de savoir ; il n'y a que des vérités.

---

26. *Le séminaire, Livre XVII*, Paris, Seuil, 1991, page 155.

la fabrique d'un cas d'acting-out

> « L'imaginaire est la place
> où toute vérité s'énonce. »
>
> (Séminaire du 10 mars 1975)

Cette citation recueille une affirmation tardive. Datant de 1975, soit de la dernière période de son enseignement, elle marque le point ultime de la position de Lacan sur l'imaginaire : le lieu où toute vérité s'énonce n'est pas le symbolique, mais l'imaginaire. A cette nouvelle considération topique, Lacan est loin d'être parvenu dans les années cinquante. Ne suppose-t-elle pas un autre imaginaire ?

Avant d'en mesurer l'écart, il nous faut insister encore sur la présentation du schéma L. En effet, nous avons montré au chapitre précédent que le sujet parle du lieu de l'Autre, lieu des signifiants, mais *avec* son moi situé et constitué dans la relation imaginaire au semblable. Il ne suffit donc pas d'affirmer le primat du symbolique, mais il s'agit de voir *comment* se conjoint celui-ci à l'imaginaire. Le sujet parle *avec* son moi ; ainsi, le symbolique n'est pas au-delà de l'imaginaire, ou en-deçà ; ils ne s'opposent pas l'un à l'autre comme une profondeur (symbolique) cachée par une surface (imaginaire). Mais, celle-là est à lire *sur* la surface même, à fleur de peau, « car c'est à la surface qu'elle se voit comme dartre aux jours de fête fleurissant le visage »[1]. Telle est la « topologie nécessaire pour ne pas se tromper quant à la place du désir »[2].

---

1. *Ecrits*, page 602.
2. *Ibidem*, page 601.

Lacan trouve l'occasion de le montrer à propos d'un article de E. Kris intitulé « Ego-psychology and interpretation », publié en janvier 1951 dans le *Psychoanalytic Quarterly*. L'occasion n'est-elle pas ce qui, à tomber bien, fait cas ?

Sans doute, Lacan n'a-t-il pas oublié la verte réprimande qu'il reçut de E. Kris en août 1936. Lors du Congrès de Marienbad, après avoir fait sa communication sur le stade du miroir, il se préparait à quitter les lieux avant la clôture, pour assister aux Jeux Olympiques de Berlin, lorsqu'il entendit de Kris un rappel à l'ordre : « Ça ne se fait pas ! » Comment un jeune psychanalyste fraîchement admis à la Société psychanalytique de Paris (et non encore titularisé !) peut-il se permettre une telle chose ? Peut-être aussi E. Kris faisait-il partie de ces 43 % de l'opinion américaine qui en 1935 était pour le boycott des Jeux à Berlin en raison de la discrimination anti-juive par les autorités nazies[3] ? Nous ne le savons pas. Toujours est-il que Lacan n'obtempéra pas.

Mais, en retour, 18 ans plus tard, libéré des tracasseries de la Société parisienne de psychanalyse affiliée à l'I.P.A., Lacan répond à E. Kris sur le terrain même de la pratique psychanalytique. Exemple typique de fabrique de cas qui, par écritures successives, aboutit à la nomination de l'effet d'une interprétation, de son nom d'*acting-out*. Ceci en cinq étapes :

1. En février 1954, au cours du séminaire intitulé les *Ecrits techniques de Freud*, Lacan avance : « Incontestablement l'interprétation (de Kris) est juste... valable »[4].

2. Reprise rapide en janvier 1956 dans le séminaire sur *Les Psychoses*[5].

3. Remaniement avec les deux articles parus dans *La Psychanalyse*, volume I, 1956, sous les titres : « Introduction », puis « Réponse au commentaire de Jean Hyppolite sur la "*Verneinung*" de Freud » (articles parus de nouveau en 1966 dans *Ecrits*, pages 369 et 381). Apparition du nom d'*acting-out*.

---

3. De fait, en 1936, aucun athlète juif allemand n'eut le droit de se préparer et de participer aux Jeux. En France, seul Mendès-France parmi les députés vota contre les crédits olympiques.
4. *Le séminaire, Livre I*, Paris, Seuil, 1975, page 72.
5. *Le séminaire, Livre III*, Paris, Seuil, 1981, page 92-3.

4. En juillet 1958, Lacan avance d'un nouveau pas avec son rapport à Royaumont : « La direction de la cure et les principes de son pouvoir » (paru dans *Ecrits*, pages 598-sv.). Cette fois, il écrit : « Cette interprétation (de Kris) peut être présumée erronée ».

5. Enfin le 8 mars 1967, dans le séminaire *La Logique du fantasme*, il conclut plus fermement : « Je contre ».

Psychologie du moi et interprétation

E. Kris, en cet article, expose le changement introduit dans la technique et la théorie à la suite de nouvelles observations cliniques. Ce changement, il l'appelle l'*Ego-psychologie*. Freud lui-même l'aurait promu : d'abord avec l'introduction du narcissisme sous l'influence du groupe de Zurich et la clinique des psychoses ; puis, avec l'introduction du surmoi à la suite de la prise en compte du sentiment de culpabilité et de la réaction thérapeutique négative ; enfin, d'autres impressions cliniques, où sont manifestes la résistance et la défense (il met les deux dans le même panier !) auraient facilité la formulation de la théorie en termes de fonction du moi. Ainsi, Freud aurait été amené à modifier sa technique à partir de 1910, et par là à anticiper ce qui s'appellera l'*Ego-psychologie* et les nouvelles techniques d'interprétation en psychothérapie d'adultes et même d'enfants avec Anna Freud, ainsi que les interventions auprès de délinquants, de *border-lines* ou de psychotiques.

Kris résume le tout en ce qu'il appelle une analyse « près de la surface ». Celle-ci concerne les *patterns*, les conduites typiques du sujet, conçues comme activités défensives du moi. Loin donc de prendre celui-ci pour un obstacle, la technique consiste à s'en faire un allié pour établir avec le sujet une « zone de coopération » entre l'analyste et le patient. Ainsi, au lieu de se restreindre suivant l'« ancienne procédure » à l'interprétation de l'inconscient, il y a à explorer les mécanismes du moi et à voir comment l'analysant va réagir pour que l'analyste établisse une entente avec lui.

D'emblée le *choix* est donc fait : le moi chez Freud n'est pas le fondement du narcissisme, mais le système perception-conscience et le principe de la connaissance objective. De ce choix va découler l'interprétation selon E. Kris. Pour étayer sa démonstration, Kris prend un exemple particulièrement significatif, puisqu'il s'agit d'un homme qui a fait une analyse « traditionnelle » avec Melitta Schmideberg, la fille de Mélanie Klein, et qui après une certaine amélioration demande à Kris de reprendre son analyse.

L'analysant est un homme d'une trentaine d'années, qui travaille dans le champ de la recherche scientifique. Son symptôme est une inhibition à publier ses travaux, ce qui met en cause son espoir de promotion ; il l'explique par la conviction d'être un plagiaire ; compulsivement, il ne peut avoir que des idées empruntées à autrui, par exemple, celles de son meilleur ami, un jeune collègue, son voisin de bureau, moyennant quoi il se sent coupable de publier quoi que ce soit en son propre nom.

Première étape

Or, voilà qu'au cours de son analyse il se trouve enfin sur le point de publier un article. Mais, un beau matin, il arrive à sa séance pour déclarer qu'il a déniché à la bibliothèque un livre qu'il avait consulté autrefois ; et ne voilà-t-il pas que là encore est contenue la *« basic idea »* de son travail.

Son état de « satisfaction et exaltation » alerte Kris qui lui demande sans tarder de quel livre il s'agit. Il s'enquiert alors « dans les moindres détails » des passages en question et après une « minutieuse enquête » comparative, il conclut qu'il n'y a là aucune trace concernant l'argumentation essentielle de la thèse de l'analysant. Et... il le lui *garantit* : vous faites dire à l'auteur ce que vous voulez dire vous-même (sous-entendu : mais il ne le dit pas !). Tel est l'appel à la partie saine du moi. Alors, tout bascule chez l'analysant avec la naissance d'un soupçon : à son dire, ce serait son cher voisin qui lui piquait ses idées originales et les répétait sans citer ses sources. C'est donc l'inverse. Et quand ensuite lui-même les recevait de la bouche du collègue, il les entendait comme pour la première fois sans les reconnaître pour siennes. « Nouvelle lumière », écrit Kris.

Deuxième étape

Kris avait remarqué que l'inhibition intellectuelle du sujet avait quelque rapport avec son père. Son grand-père était un savant renommé, mais son père n'avait laissé aucune marque dans le champ de la recherche où il travaillait. Donc, la compulsion du sujet à se trouver des tuteurs venait d'un souhait d'avoir un père grand, un père idéal. Une interprétation du vœu d'incorporer le pénis paternel est donnée par Kris à partir d'un rêve : au cours d'un combat entre le fils et le père, les armes de ce dernier étaient des livres ; le fils arrivait à s'en saisir et il les *avalait*. Ainsi la « tendance à prendre, à mordre, à voler » put-elle être interprétée un jour en pointant qu'un déplacement d'objet s'était opéré sur les *idées*. Et Kris d'ajouter :

« Il n'y a que les idées des autres qui sont intéressantes ; ce sont les seules qui soient bonnes à prendre ; s'en emparer est donc une question d'*engineering*, de *savoir s'y prendre*. »

Kris attend l'effet de sa parole. Après un long silence, l'analysant associant sur le dernier mot prononcé, répond par ce récit : « Tous les midis, lorsque je me lève de la séance, et avant de retourner à mon bureau, je vais faire un tour à la rue X. (une rue bien connue pour ses petits mais sympathiques restaurants) et j'y reluque les menus. C'est dans un de ces restaurants que je trouve d'habitude mon plat préféré : des *cervelles fraîches*. » Kris en est content. Il y voit le signe de l'efficience de sa technique à venir à bout du sentiment de « danger de plagiarisme » » : voilà enfin quelqu'un qui *sait* désormais « prendre » les bonnes choses et les bonnes idées, là où elles sont.

Texte sur texte

S'y prenant à cinq fois, Lacan engendre une autre lecture.

1. Le sujet parle *avec* son moi (cf. schéma L). En l'autre qu'est mon compagnon et mon moi idéal, je vois mon propre moi sous forme inversée : il *a* des idées originales (et donc les lui prendre, ce serait plagier). Et je ne m'y reconnais pas.

Mais, à cette relation imaginaire se *conjoint* l'ordre symbolique ; *avec* ce voir le sujet parle : il se dit alors sous le *symbole* de la dénégation ; le sujet dit son être sous la forme de ne l'être pas. Freud, dans son article *Die Verneinung*, écrivait : « La reconnaissance de l'inconscient par le sujet s'exprime dans une formule négative » ; en effet, « l'accomplissement de la fonction du jugement (d'existence) n'est rendu possible que par la création du symbole de la négation ». Ainsi, dans le discours, par la *Verneinung* il accomplit l'intégration de son moi, sous la forme de l'inversion. Mais, à avouer son être, il ne se reconnaît pas pour autant : il y faudrait la parole de l'Autre.

Mais quelle parole ? Lorsque Kris soupçonnant la parole du sujet répond, c'est pour faire appel à la « réalité » examinée avec soin et pour assurer qu'il n'y a rien « objectivement » dans le livre de l'autre. Alors, en retour le sujet remet en jeu la subjectivité de sa relation imaginaire jointe au symbolique, par un *retournement* d'intention : si je ne peux plus plagier, alors c'est l'autre qui doit me plagier. Et de nouveau, c'est l'autre qui a des idées, sans que je puisse y reconnaître les miennes.

2. Or, que réalise l'*Ego-psychologie* ? Kris ne croit pas à la parole du sujet : dit-il vrai quand il affirme avoir plagié ce livre ? Il faut donc vérifier en trouvant, dans la « réalité », le critère du vrai conçu comme *adaequatio rei et intellectus*, une adéquation entre la chose et l'idée. Or, il n'y a pas de réalité brute, mais appréciation de la réalité, autrement dit : le critère c'est le moi de l'analyste, présupposé comme système perception-conscience et principe d'un méta-langage, moi plus fort et plus objectif que le moi du patient. C'est retomber dans les ornières de cette fameuse « épreuve de réalité », pont-aux-ânes de la bêtise positiviste au front de taureau, toujours venue à propos pour soutenir une position de pouvoir en péril.

Mais, rétorquera-t-on, pourquoi Kris aurait-il à croire *à* ce que l'analysant dit ? En effet, celui-ci ne le demande pas ; il lui arrive même en début d'analyse d'omettre de dire un événement important par crainte que l'analyste se précipitant y croie et se trompe. Ce qu'a introduit la découverte freudienne est autre : la distinction entre « je *vous* crois » (comme sujet parlant) et « j'*y* crois » (au contenu de ce que vous dites). Cette démarche est cartésienne en ce qu'elle signe la naissance du sujet, et la reprise du *cogito* par le *Wo es war* freudien : là où c'était, là comme sujet dois-je advenir.

« Je vous crois », parce que l'imaginaire n'est pas l'illusoire, et quand l'analysant de Kris dit par la *Verneinung* être convaincu de ne voir d'idées originales que devant et hors de lui dans le miroir, il n'est pas dans l'illusion, mais il se méconnaît, c'est-à-dire il maintient la *seule* voie possible par où il pourrait un jour se reconnaître. Bref, sa subjectivité est à l'œuvre comme effet d'un « je *vous* crois » au lieu de l'Autre.

3. En revanche, ce *à* quoi Kris croit dur comme fer, c'est qu'il y a en son analysant des « défenses » et qu'à les repérer, on trouve *ce* contre quoi il se défend comme étant le *vrai* de son désir. A tous les coins de rue la voix « psychothérapeutique » fait la réclame : si vous vous sentez inhibé, dites en *quoi*, et vous connaîtrez votre désir : vite fait, bien fait.

Ainsi, défense et pulsion seraient l'envers et l'endroit d'un *même* moule : si vous vous empêchez de plagier, alors c'est que vous voulez plagier réellement. Et, si vous avez une compulsion à plagier, c'est parce que vous ne satisfaites pas la pulsion. La manœuvre analytique est donc d'*adaptation* à l'objet, soit ici la prise des idées des autres. Cette visée repose donc sur deux présupposés :

— Il croit qu'il est plagiaire, *parce qu'*il veut l'être.

— Il ne l'est pas vraiment (je l'ai constaté sur pièces !), *parce qu'*il se défend contre ce qu'il veut.

Ainsi, le tour est joué et le cercle est fermé. Double causalité explicative, dont il ne reste qu'à tirer la conséquence pratique : le bon conseil d'agir selon la « réalité », à entendre selon l'éthique du moi de l'analyste.

4. Avant de la lui injecter, Kris lui fait remarquer son vœu d'avoir un père grand et plein de ressources. Jouant sur l'équivalence : poissons (dans la compétition des parties de pêche), livres (du rêve) et enfin idées originales, il confirme l'enjeu de ce vœu : « incorporer le pénis du père ».

Qu'en tire-t-il comme conséquence ? « Seules les idées des

autres sont intéressantes. Allez-y donc et prenez-les là où *il y en a* ; l'important est de savoir y faire (*to be engineered* !) ». Ainsi, le père idéal est maintenu, sauvé plus que jamais : en lui *il y a* de quoi. Il suffit donc d'entrer dans le mécanisme du « *give and take* ».

Or, cette interprétation conserve le forclos (*Verworfen*) de la pulsion orale. Elle entretient en effet la méconnaissance de ceci : la place du « rien » en l'Autre ; dans l'ordre symbolique il n'y a pas de propre, de propriété privative. Ainsi, en ce lieu vide, le sujet en sa pulsion orale d'absorption aurait pu être reconnu y posant l'écran de son fantasme comme tel. Fantasme à distinguer sévèrement de la « réalité ». A partir de là s'ouvrirait une reconnaissance du sujet comme pouvant *avoir* des idées, au risque de les publier sans le souci d'opérer un départage su et maîtrisé entre un tien et un mien.

Mais, faute de cette interprétation, le sujet répond après un temps de silence par la verbalisation de l'*acting-out*, commencé depuis quelque temps, soit de l'accomplissement de sa compulsion à absorber des cervelles fraîches, là où il y en a. Il répond dans le même registre... à la satisfaction de Kris !

Ce registre, Kris le lui a clairement indiqué. Deux fois en deux étapes : d'abord, en lui disant avoir examiné dans la réalité le livre du tuteur ; ensuite, en l'incitant à savoir y faire en cette réalité, définie selon l'*Ego-psychologie*. Ainsi, le vœu d'incorporation du pénis paternel s'accomplit par l'introjection de l'idéal du moi de l'analyste.

L'acting-out

Il se caractérise donc de ceci :

1. Il est un agir resté opaque, incompris du sujet. Cette compulsion à manger des cervelles demeure étrangère au sujet. Il s'y égare en son plagiarisme « réussi ».

L'*acting-out* est en effet une *réponse* conforme à un certain type d'interprétation : réponse située dans le même ordre que celle-ci. A l'analyste prenant son moi pour le système perception-conscience, l'analysant donne une réponse corrélative : « zone de coopération », dit Kris, entre deux moi forts.

2. A la différence du passage à l'acte purement silencieux, l'*acting-out* comprend une verbalisation après-coup de l'agir. Une narration en est faite à l'adresse de l'analyste. Cette restitution est une *monstration* : voyez où j'en suis... sans que j'en saisisse le sens ! Par là, elle est une *demande* qui s'ignore, adressée à l'analyste. A celui qui sait l'écouter elle est à recevoir comme une relance de l'enjeu analytique : un appel visant à remettre l'analyste à sa place pour un autre processus. A lire ainsi : je te demande de me refuser ce que je t'offre, parce que ce n'est *pas ça*[6] ! Et pour cela : qu'il y ait en ta tête des cervelles un peu plus fraîches, sinon rafraîchies ! Autrement dit : l'*acting-out* est demande que l'objet de la pulsion comme cause du désir puisse être posé dans la relation analytique au lieu de l'Autre, et non présentifié sous la figure de cervelles servies sur un plat par le restaurateur. D'où :

3. Enfin, et radicalement, l'*acting-out* est une *suppléance* sous forme agie, à un défaut de *Bejahung*, de reconnaissance symbolique par la parole. Ainsi, en l'ultime reprise de ce cas, Lacan précise en s'appuyant sur la langue anglaise : *to act out* apparaît là où le *to read* a failli[7]. Lorsque la lecture d'un récit est mal faite devant des auditeurs, alors on joue le rôle sur une scène, on fait aux yeux des spectateurs le récit mimé de ce qui n'a pas été lu. L'*acting-out* vient suppléer à un manque de *reading*. Ainsi dira-t-on de quelqu'un : « Il nous fait une scène ! », parce qu'*auparavant* il y eut défaut de lecture de tel événement et non-intégration de celui-ci dans le symbolique.

Or, dans l'analyse, le retour du refoulé est ce qui dans le transfert s'inscrit au lieu de l'Autre, en attente de l'interprétation à propos, soit de ce déchiffrage qu'est la lecture. Si l'analyste ne permet pas à l'analysant de la faire, alors c'est l'*acting-out* : la scène *hors* du lieu de reconnaissance, et cependant *pour* l'analyste. En effet, suppléant à la lecture, l'*acting-out* est en même temps appel à sa reprise exigée.

---

6. *Le séminaire, Livre XX, Encore*, Paris, Seuil, 1975, page 114.
7. Séminaire du 8 mars 1967.

Le tout lire ?

Ce que la lecture n'a pas déchiffré apparaît dans la mise en scène. Cette définition du procès de l'*acting-out* prend sa place au cours des premières années du retour de Lacan à Freud dans la formule plus générale : « Ce qui n'est pas venu au jour du symbolique apparaît dans le réel » : réel subi avec l'hallucination, réel agi avec l'*acting-out* [8]. Chaque fois, *du* symbolique étranger au sujet et non reconnu par lui, apparaît... *dans* le réel. Cette affirmation centrale pose maintenant, au-delà du rapport de primauté du symbolique sur l'imaginaire, deux sortes de questions laissées en suspens par Lacan :

1. S'il y a du signifiant dans le réel, qu'en est-il du réel lui-même ? S'il est vrai qu'il est nommé comme tel, qu'en est-il de son *rapport* au symbolique ?

2. Le processus analytique a-t-il pour visée une *Bejahung* complète, une exhaustion totale dans le symbolique, de *telle* sorte que rien n'apparaisse dans le réel ? Est-ce possible, s'il est vrai que Freud a reconnu de l'*urverdrängt*, du refoulé irréductible, interdisant que le *tout* puisse se dire ?

A partir de 1964, Lacan commence à aborder ces questions nouvelles. C'est alors que de ce frayage prendra sens ce que nous avons mis en exergue de ce chapitre, à situer dans son contexte :

« La négation est aussi bien façon d'avouer - Freud y insiste dès le début - façon d'avouer *là où* seul l'aveu est possible, parce que l'imaginaire est la *place* où toute vérité s'énonce, et une vérité niée a autant de poids imaginaire qu'une vérité avouée, *Verneinung, Bejahung* ». (Séminaire du 18 mars 1975).

---

8. *Ecrits*, page 393.

le transfert

un changement
de lieu

Il y a, selon le moment de l'enseignement de Lacan, différents frayages sur le transfert, chacun présentant des éléments constitutifs de celui-ci. Ils ne s'opposent pas vraiment, mais ils font réponse à une nouvelle interrogation adressée à Freud. Le seul point commun, purement négatif, entre eux est le refus de se contenter de cette définition trop grossière et simpliste : le transfert est la somme des sentiments positifs et négatifs éprouvés par l'analysant à l'égard de son analyste. Certes, il ne s'agit pas de les nier ; mais ils sont des effets de transfert, et non le transfert lui-même.

Le plus important est ailleurs : le point de butée de Lacan. Ses successives avancées sur le transfert tournent en effet autour d'un point qui fut sa préoccupation constante : la position de l'analyste occupant ou non la place de l'image de l'objet petit a, qu'il note : $i(a)$. Nous verrons comment cette recherche (*circare*, c'est tourner autour) a permis à Lacan de faire des trouvailles essentielles sur le transfert - sans pour autant épuiser cette recherche.

Le transfert est d'ordre imaginaire

De 1936 à 1952, pendant quinze ans, ce que Lacan met en évidence, c'est que le transfert est un phénomène d'*imago*. Justement, ce qui le séduit chez Freud en sa deuxième topique, est « l'usage génial qu'il a su faire de la notion de l'*image* »[1]

---

1. *Ecrits*, page 88.

Le transfert est la présence du passé dans le présent. Mais cette définition sommaire demande de s'interroger sur la nature de cette présence. Est-ce l'*erinnern*, la remémoration ? Si analyser était un se rappeler, alors elle serait un art d'interprétation. Freud l'a cru longtemps. Mais, en 1920, dans le chapitre III de l'« Au-delà du principe de plaisir », il reconnaît, écrivant à l'imparfait : « L'analyse était avant tout un art d'interpréter (*Deutungskunst*) ». Elle ne l'est plus, parce que cette présence du passé dans le présent n'est pas de l'ordre du souvenir. Et c'est *pourquoi* il y a transfert. C'est regrettable sans doute pour Freud, mais il lui faut faire avec ; l'analyste ne peut ni l'empêcher, ni l'épargner à l'analysant. En effet, le transfert est un *autre* mode de présence du passé : une répétition (*Wiederholung*) qui est un revivre (*wiedererleben*) : « L'analyste doit laisser revivre un fragment (*ein Stück*) de la vie oubliée ».

C'est oublié, mais ce n'est pas perdu : un fragment revient. De quelle manière ? Dans « *die anscheinende Realität* », écrit Freud, dans la réalité, non pas apparente (comme c'est traduit habituellement), mais qui apparaît ici et maintenant dans un donné à voir phénoménal. Freud précise ainsi : « *als Spiegelung* », comme reflet spéculaire du passé oublié. Et Lacan de préciser encore : cette réflexion optique s'accomplit dans ce miroir qu'est l'*image* de l'analyste. Ce qu'il a découvert en 1936 avec le stade du miroir, Lacan le lit dans le texte freudien de 1920. Ainsi, le transfert est une autre façon de rappeler et de se rappeler, non intra-psychique, mais au-dehors, par le biais de ce tiers qu'est la présence de l'image de l'analyste.

En effet, dès 1936, dans « Au-delà du principe de réalité »[2], en trois pages qui sont un petit bijou littéraire, Lacan décrit le processus analytique en termes d'*imago*, et le transfert comme un changement de lieu (*Übertragung*) d'une image, passant d'une personne ancienne à celle de l'analyste. L'analysant incarne et réalise ce qu'il est : l'image par laquelle il est agi ; il en imprime les traits sur l'image de l'analyste ; il la méconnaît en ce sens qu'il ignore à la fois sa nature et son importance. Mais, en retour, par la parole le psychanalyste en restaure l'unité dispersée dans le temps, et la restitue dans sa dimension imaginaire et non réelle.

2. *Ecrits*, page 83-5.

Ainsi, en 1948, Lacan décrivant le transfert comme projection d'une image, peut écrire :

> « Ce phénomène représente chez le patient le transfert *imaginaire* sur notre personne d'une des *imagos* plus ou moins archaïques
> qui, par un effet de subduction symbolique, dégrade, dérive ou inhibe le cycle de telle conduite,
> qui, par un accident de refoulement, a exclu du contrôle du moi telle fonction et tel segment corporel,
> qui par une action d'identification a donné sa forme à telle instance de la personnalité » [3].

Enfin, en 1951, étudiant le cas Dora dans « Intervention sur le transfert » [4], il montre que l'expérience analytique est essentiellement de l'ordre de la parole comme lieu de la vérité. Expérience dialectique donc, où l'avancée dans le processus de subjectivation de l'analysant dépend de la réponse de l'analyste. Or, ce progrès s'interrompt en raison du transfert, défini comme rapport duel d'image à image, faisant « obstacle » (*Das Hindernis*, disait Freud) à la vérité intersubjective. Le transfert est *stagnation* de la dialectique par la prégnance de l'imaginaire dans la relation intersubjective. Il suffit que l'analyste s'en fasse complice pour que l'analyse tourne court, comme celle de Dora. Si Freud écrit en 1905 que Dora transférait sur lui-même l'image de Mr K..., c'est parce que, comme il l'écrira en 1923, il croyait que Dora aimait Mr K... ; or, Dora n'en était pas là : Mr K... lui servait seulement d'appui identificatoire (et non d'objet) pour interroger Mme K... en son mystère féminin.

Ainsi, pour Lacan à cette époque, le transfert est résistance à la vérité, parce qu'il n'est qu'imaginaire, trans-port d'images. Il est important de le souligner ici, parce que les frayages ultérieurs ne pourront effacer cette première rencontre avec Freud, liée à cette découverte de l'*imago*. Loin d'effacer ce premier amour pour Freud, ils seront traversés par cette question : l'imaginaire n'est-il que résistance et stagnation, ou autre chose ? Est-il un obstacle à contourner, ou un appui nécessaire ?

---

3. *Ecrits*, page 107.
4. *Ecrits*, pages 215-226.

Parce que symbolique,
le transfert n'est pas un obstacle

A partir de 1953 Lacan change de position en identifiant le transfert à l'acte de la parole :

> « Chaque fois qu'un homme parle à un autre d'une façon authentique et pleine, il y a, au sens propre, transfert, transfert *symbolique* » [5].

Pourquoi cette nouvelle nomination ? Lacan faisant enfin retour au Freud de la première topique, recueille le premier sens freudien du mot *Ubertragung*, pris au pluriel : ce sens ne concerne pas le rapport à l'analyste, mais - avant toute analyse - le travail même de l'inconscient, selon lequel une représentation inconsciente se fait représenter par une représentation préconsciente. Les transferts sont des transpositions (*Ubersetzungen*) par changement de lieu d'*inscription*. Ce sens fondamental sera toujours maintenu par Freud, depuis la lettre 46 à Fliess jusqu'au *Moïse* [6] final.

Or, ce processus n'est pas de l'ordre de l'image, mais éminemment symbolique : sa matière n'est faite que d'éléments discrets et littéraux, suivant « la structure essentiellement *localisée* du signifiant » [7]. Ainsi, le transfert n'est pas toute répétition, mais celle-ci : la répétition d'une *demande* adressée du lieu de l'Autre, le retour d'une demande passée. Parce qu'elle ne fut pas reconnue autrefois, elle fait retour par les formations de l'inconscient (symptôme, rêve, acte manqué, mot d'esprit). Ainsi, dès qu'un sujet s'adresse à un autre sujet d'une parole pleine et authentique, alors il y a transfert, pour qu'il soit reconnu au *point* même où il ne le fut pas : page blanche, chapire censuré, fragment rejeté (*verworfen*) de son histoire.

Symbolique donc, cette répétition est appel à la nomination, le *nomen* étant, comme le concept, le temps de la chose (Hegel).

---

5. *Le séminaire, Livre I, Les écrits techniques de Freud*, Paris, Seuil, 1975, page 127.
6. Page 130 de la traduction française.
7. *Ecrits*, page 501.

Tel est le pouvoir créateur de la parole, qui fait exister la chose temporellement, c'est-à-dire l'identique dans la différence. Le ressort de ces « transferts » est, non pas tant les sentiments éprouvés, mais bien plutôt le crédit fait à l'Autre qu'il *peut* y répondre.

C'est pourquoi l'analyste, en venant un jour en occuper la place, ne fait que s'insérer dans un processus antérieur, habituel et général de messages appelant leurs réponses sous forme inversée. Or, cette nouvelle définition par Lacan du transfert à partir de 1953 est de grand poids ; elle implique que le transfert *n'est pas un obstacle* à l'analyse, mais la voie qui y mène.

Elle est vraiment freudienne, si l'on n'oublie pas que le premier sens d'*Ubertragung* chez Freud n'est pas que premier, mais fonde le second, celui de la relation analytique. Prenons l'exemple suivant : Lou-Andreas Salomé écrit à Freud le 15 mars 1923 pour lui faire part du résultat de l'analyse d'un patient : les symptômes ont disparu, sauf celui de sensations stomacales. « Il s'est présenté, dit-elle, en cours d'analyse *exactement là où* le déroulement des souvenirs achoppait à ce point de jonction ». Freud lui répond le 23 : « Le résidu du symptôme vous concerne, vous la mère du transfert, et doit vous attendre à Königsberg. Vieille règle de grammaire : ce que l'on ne peut pas décliner, doit être considéré comme... un transfert » [8].

Freud fait appel à l'ordre symbolique par cette règle de grammaire, selon laquelle les noms qui ne peuvent pas se décliner (genre, nombre ou cas) ne font pas partie de la langue maternelle, mais ont une origine étrangère... par transfert d'une langue à l'autre, par changement de lieu d'inscription. De même, ce résidu de symptôme stomacal ne peut pas se « décliner », c'est-à-dire entrer dans une élaboration psychique du sujet lui-même avec son matériel signifiant. Non intégré en sa langue natale, venant d'ailleurs par transfert, il reste en souffrance ; il *appelle* donc une parole venant d'ailleurs en l'Autre, de là même d'où il fut transféré : « Il vous concerne, vous la mère du transfert, et doit vous attendre à Königs-

8. Lou-Andréas Salomé, *Correspondance avec Sigmund Freud*, Paris, Gallimard, 1970, pages 151-3.

berg ! ». Parce que Lou occupe la place du destinataire (la mère du transfert), elle *seule* peut et doit par sa parole restituer au sujet son propre message, l'instituer en sa propre langue et ses « déclinaisons », et ainsi le faire parvenir à sa propre destination.

Ainsi, le transfert, parce que symbolique, n'est pas un obstacle à l'analyse, dans la mesure où il est, comme dit Freud, « une façon de se remémorer ». Sur ce point capital, l'article de 1914 « Remémorer, répéter, perlaborer » est tout à fait important[9]. Le but de l'analyse est « la reconduction vers le passé » grâce au « remémorer idéal » (*das ideale erinnern*) par perlaboration permettant une historisation située et datée. Or, ce travail rencontre une limite, celle même du remémorer : une place vide demeure. La fonction des transferts est d'occuper cette place (*an Stelle treten*). Ils viennent à la *place* de la remémoration manquante.

Mais, sont-ils pour autant la remémoration ? Si celle-ci est la présence actuelle du passé situé dans le passé en tant que distincte du présent, les transferts au contraire sont la présence du passé dans la répétition (*Wiederholung*) et l'agir (*agieren*), c'est-à-dire sans « reconduction vers le passé ». D'où la loi de disjonction freudienne : ou le remémorer, ou le transfert ; le transféré est le *pas encore* remémoré, et le remémoré est le *plus jamais* transféré.

En 1914, Freud donne comme but à l'analyse une victoire du *das erinnern* sur le transfert. Ayant constaté dès 1920 l'impossibilité de réduire l'un à l'autre, il en arrivera à maintenir ces deux voies comme irréductibles : le remémorer et l'agir. A l'analyste de faire avec.

Tel est l'état de la question que reprend Lacan. Le but est-il la totale satisfaction de la demande de reconnaissance du passé par la totale exhaustion de celui-ci dans le symbolique ? Nous avons vu comment Lacan a d'abord répondu oui, deux fois, que le transfert soit une répétition dans l'*imaginaire*(d'*imago* à *imago*) ou dans le *symbolique* (appel à l'Autre, lieu de la parole). La répétition est demande de reconnaissance, et

---

9. Traduction dans *La Trans a*, Bulletin n° 7, avril 1985.

l'analyste a à y répondre non au lieu de l'autre, mais en grand A (cf. le schéma L, page 77).

Or, Lacan va être amené à répondre non. L'analyse n'est pas le dévoilement et l'acceptation des lois de son destin : « Tu es cela ! » ; car le transfert n'est pas seulement demande de reconnaissance du passé non-reconnu ; dans l'expérience analytique il ne s'agit pas seulement du transfert en général : celui qui a lieu chaque fois qu'un sujet parle authentiquement à l'Autre. Il a une spécificité en raison de la présence d'un analyste. Autrement dit, les deux voies - celle de l'*erinnern* et celle de l'*Ubertragung* - ont deux fonctions différentes. C'est ce que va montrer Lacan à partir de 1960 dans le séminaire sur le transfert, en distinguant le *Widerholung* qui relève du symbolique (de l'inconscient), et l'*agieren* qui relève du pulsionnel, du *Trieb* à venir, là où le symbolique manque en vertu du refoulé irréductible, *urverdrängt*. L'*agieren* n'est pas répétition de l'identique, mais une production nouvelle ; il est de l'ordre de l'inédit en vertu de l'analyse elle-même.

Chapitre deux

une question éthique

> *« La beauté aussi a ses arguments. »*
>
> Baltasar Gracián

Le séminaire sur le transfert de l'année 1960-61 marque un tournant. Il fait rupture avec les deux avancées précédentes en ceci : le transfert ne vient pas de l'analysant, mais de l'analyste, plus exactement du désir-de-l'analyste. Il en est l'effet. Mais auparavant, pour établir de quoi il s'agit quand on parle de désir, Lacan fait l'année précédente (1959-60) un séminaire sur l'éthique de la psychanalyse. Seule l'éthique peut éclairer ce qu'il en est du transfert ; elle en est l'*introduction*, dans la mesure où la démarche freudienne n'est pas proprement religieuse ou philosophique, mais éthique. Elle vient après les éthiques religieuses ou philosophiques... pour une autre éthique.

Laquelle ? Pendant un an, avant d'en tirer la conséquence sur le transfert, Lacan dégage ce qui est au cœur de l'éthique de la psychanalyse : *le pur désir*. Ce n'est pas le désir pur, au sens où il y aurait à juger entre les désirs purs et les désirs impurs. L'enjeu est la naissance du désir en tant que tel : il est là ou il n'est pas là. Dès lors, le « pur » désigne l'indépendance par rapport au contenu : *tel* objet désiré, ou *telle* conséquence heureuse ou malheureuse pour le sujet. Cette absoluité du petit dieu *Erôs* se marque dans la formule de Lacan à la fin du séminaire : « Ne pas céder sur le désir qui vous habite » - formule à ne pas réduire au slogan du « ne pas céder sur mon désir » chez le mal-analysé s'exaltant dans l'entêtement à tête de jeune taureau du mon, ton, son revendiquant.

L'éthique du pur désir s'engendre à partir des apories que

l'analysant a rencontrées avec les éthiques traditionnelles d'où il vient, — trois précisément en Occident :

1) *L'éthique du souverain Bien*

Elle est celle de l'homme du commun, celle du bon sens, bon sens civique et médical, des grecs à nos jours. Kant l'a bien résumée ainsi : *man fülht sich wohl im Guten*, on se sent bien dans le Bien. Morale eudémonique, où le bien accompli implique le bonheur à plus ou moins longue échéance, le bien-être étant finalement l'index du bien, comme le fruit s'ajoute à la fleur, la beauté à la jeunesse, les belles jambes… à la femme vertueuse. Cette harmonie repose sur la *supposition* d'une finalité inscrite dans la nature de toute *intentio* de l'être vivant. Ainsi Aristote disait : « Tout art et toute investigation, et pareillement toute action et tout choix tendent vers quelque bien (…). Aussi a-t-on déclaré avec raison que le bien est ce à quoi toutes choses tendent »[1]. Or, cette inclination « naturelle » est identiquement volonté de bonheur, suivant la maxime classique : tous sans exception nous voulons être heureux (Platon, Aristote, Cicéron, saint Augustin).

En effet, le Bien suprême attire tout à lui en finalisant nos actions ; c'est par là qu'elles sont dites bonnes. Il est le grand éromène, l'ultime désirable, l'attraction universelle, la cause de tout désir vrai. Ainsi, l'éducation n'est rien d'autre que celle du *jugement* pour discerner entre les faux et les vrais biens, ces derniers étant les seuls à participer au Bien Souverain, à ce Bien qui est leur cause finale. Les vrais biens se discernent par la durabilité du plaisir qu'ils donnent. Dans notre monde sublunaire, il n'y a que changement et instabilité : rien de sûr ni de garanti. Mais le Bien est cette sphère immobile qui meut notre psyché en sa fine pointe qu'est la pensée (le νοῦς), qui à son tour met en mouvement les autres parties de notre psyché en se les soumettant. Tel est le travail d'éducation du futur maître sur lui et sur les autres dans la vie politique.

La conséquence en est le sens de la mesure, de la prudence et du tempérament - rien de trop - opposé à l'excès, à la dépense et à la violence des passions. C'est très exactement ce que Freud appellera le principe de constance et de moindre tension

---

1. *Ethique à Nicomaque*, I, 1, 1094 a.

possible, principe même du plaisir-déplaisir. Cette bonne vieille sagesse est celle qui est transmise à l'enfant, selon le jugement d'implication : si... alors... : « Toto, si tu manges trop de chocolat, tu auras mal au ventre ! ». La démesure apporte avec elle le malheur[2].

C'est sur ce point que cette éthique montre sa limite radicale par celui qui la franchit, tel le héros tragique : Antigone choisit le malheur, elle va au-delà du service des biens, auquel s'est voué Créon le gardien de la cité. Il y a excès chez l'être humain, formation de l'inconscient, dit Freud, par passage *au-delà* du principe du plaisir-déplaisir. Le héros tragique fait symptôme social, qui est non pas une erreur (comme le diagnostique le psychanalyste installé dans la vérité), mais un faire-signe quant à la limite de l'éthique sociale du bien.

Or, cet achoppement n'est pas réservé aux Grecs, il s'est multiplié. Le signal d'alarme s'est amplifié en Occident en raison d'un changement politique et religieux. La morale eudémonique est devenue générale. Chez les Grecs et les Romains, elle était réservée aux *aristoï*, aux maîtres qui par le loisir (le travail étant pour l'esclave) peuvent accéder au savoir de leur propre bien. Or, un passage à l'universel s'est opéré : la satisfaction de chacun n'est pas sans la satisfaction de tous. Par le partage, le maximum de biens est à répartir sur le maximum d'individus. Ainsi, le rapport à l'autre a changé pour un eudémonisme universel, selon le précepte : aime ton prochain - ta prochaine - comme toi-même.

2) L'éthique de l'amour du prochain

Il ne s'agit plus seulement de mon propre bien, mais du bien de l'autre. Faire le bien, c'est aimer l'autre en ce sens précis : vouloir du bien à quelqu'un (e), *velle bonum alicui*. Ainsi, le bon « thérapeute » veut le bien de son patient.

— *bonum* : quel bien ? Celui que je voudrais qu'autrui veuille pour moi-même. Je me vois, je me sens en l'autre, comme écrivait Madame de Sévigné à sa fille souffrant d'une angine :

---

2. Les deux derniers livres de Michel Foucault, *L'usage des plaisirs* et *Le souci de soi*, admirables de précision et de clarté, témoignent d'une étrange fascination pour cette éthique de la maîtrise.

« J'ai mal à votre poitrine ». La justice distributive y trouve son fondement dans la répartition des biens, plus encore dans la générosité expansive du Bien. Saint Martin donne la moitié de son manteau à un pauvre : chaque moitié est identique à l'autre, et ton bien est à l'image du mien.

Cela ne vaut pas cher. En effet, voilà que l'autre ne veut pas de ce bien. Freud appelle cela pudiquement réaction thérapeutique négative. Il suffit que je veuille le bien de l'autre pour qu'il se précipite en son contraire. Alors, qu'en est-il de ce vouloir ?

— *velle*. Le *velle* implique ceci : je veux que ce soit *moi* et nul autre qui accomplisse ton bien. C'est là que butant sur le refus de l'autre, j'ai à choisir. *Ou bien*, j'aime d'un amour raisonnable, d'un altruisme mesuré : si tu ne veux pas du pain même dont j'ai faim, alors tant pis pour toi... et pour moi ! Il est regrettable seulement que tu me réclames du caviar que je n'aime pas, mais je me résigne à m'effacer : va t'adresser à la porte d'à côté ! *Ou bien*, je franchis un pas, je vais au-delà de la « sagesse » et je maintiens ferme mon *velle* : c'est par moi que tu seras heureux. Je m'impose, je me passionne pour ta jouissance : que tu jouisses grâce à moi !

Là, le miroir vole en éclats : au-delà de l'autre mon semblable je rencontre une *mauvaise* volonté de l'Autre. Il ne jouit pas. Alors, j'accentue mon *velle* : il faudra bien que tu cèdes pour ton salut et ton bonheur ! Et, ô surprise, voilà que je me révèle méchant à mon tour. Perversion de l'amour-passion, à définir strictement : la prétention d'un *savoir* sur la jouissance de l'Autre sert de support pour m'y consacrer. Nouvel achoppement : non plus celui du héros tragique qui avance dans le malheur, mais celui de la méchanceté de l'Autre dont la rencontre me révèle ma propre méchanceté. Mais chaque fois s'ouvre une démesure, un au-delà du bien, dont la relation d'amitié en miroir (l'ami est un autre moi-même, disait Aristote) échoue à rendre compte. S'y réfugier comme sous une tente serait perpétuer la politique de l'*autruiche*, selon le mot de Lacan.

3) *Le prochain n'est pas le semblable*

Rendre compte de ce franchissement de l'au-delà du principe du plaisir-déplaisir exige un autre frayage, dans la prise en considération du désir humain-inhumain. Freud, dès 1895, dans l'*Esquisse d'une psychologie scientifique* en donne une description saisissante par la première rencontre de l'enfant avec le prochain : *Nebenmensch*, par exemple la mère. Le prochain instaure une *Spaltung*, un clivage entre la chose (*das Ding*) et ce qui m'apparaît comme mon semblable, à l'image de moi (et non du sujet). Ainsi, au paragraphe 17 de la première partie, Freud écrit à propos du *Nebenmensch* que perçoit l'enfant et qui éveille son intérêt :

> « La curiosité s'explique ainsi : un *tel* objet est simultanément le premier objet de satisfaction, puis ultérieurement le premier objet hostile, de toute façon comme l'unique puissance qui secourt. C'est auprès du prochain que l'homme apprend à (re) connaître (*erkennen*). Alors, les complexes de perception qui viennent de ce prochain, par exemple dans le domaine visuel ses *traits*, seront en partie nouveaux et incomparables ; mais, d'autres perceptions visuelles, par exemple celles de ses mouvements de main, coïncideront dans le sujet avec le souvenir de ses propres impressions visuelles, tout à fait semblables, provenant de son propre corps, et avec lesquelles se trouvent en association les souvenirs de mouvements vécus par lui-même. Et d'autres perceptions de l'objet, par exemple lorsqu'il crie, réveilleront le souvenir de son propre crier et, du même coup, des événements de douleur qui lui sont propres. »

De cette différenciation entre le semblable et le dissemblable, Freud peut conclure :

> « Ainsi, le "complexe du prochain" se sépare en deux éléments, dont l'un en impose par une structure constante, retient rassemblé en soi [3] comme *chose* (*als Ding*), tandis que l'autre élément peut être compris par un travail de souvenir, c'est-à-dire peut être ramené à une information venant du corps propre. »

Au-delà du compris à mon image, il y a *das Ding* : vide impénétrable, vacuole non contournable. Il y a division chez le prochain, fondant ma propre division. La chose primordiale et

---

3. Suivant le jeu de mot de Heidegger : « La cruche est une chose (*Ding*) pour autant qu'elle rassemble (*dingt*) ». Essais et conférences, Gallimard, 1958, page 211.

inoubliable est un étranger à la fois extérieur et intérieur. L'enfant y est soumis comme à une loi du caprice, bonne ou mauvaise volonté, bon ou mauvais objet. L'enjeu est de faire de la « chose » un pur *nihil*, colonisé, dépouillé, nettoyé de tout bon comme de tout mauvais. Là est le *désir*, désir de rien de ce qui est de l'ordre du Bien et des biens. Ce rien de la chose en l'Autre, lieu du désir, *fonde* le désir du sujet : le désir du sujet est le désir de l'Autre. Humoristiquement, Lacan l'illustre ainsi : le vide d'un pot de moutarde est le même que celui d'un autre pot. Heidegger écrivait à propos de *das Ding* :

> « Le potier donne forme au vide. C'est pour le vide, c'est en lui à partir de lui qu'il façonne l'argile pour en faire une chose qui a forme (...). Le vide de la cruche détermine tous les gestes de la production. Ce qui fait du vase une chose ne réside aucunement dans la matière qui le constitue, mais dans le vide qui le contient. [4] »

C'est pourquoi ce *nihil* n'est pas pure négation ; il est opérant : *ex nihilo* surgit le signifiant, soit les *Vorstellungen* qui tournent autour de *das Ding*. Ceux-ci sont soumis au principe régulateur de moindre tension (plaisir-déplaisir), mais ils renvoient à un au-delà, que Freud nommera plus tard du nom de pulsion de mort. En effet, le désir est dans un rapport de fondation à la mort, au-delà de tout ce qui est de l'ordre du Bien ou des biens et de leur service : tel Oedipe à Colone, seul et trahi par les siens, telle Antigone devant Créon et devant le chœur qui éprouve *crainte* et *pitié*. Ainsi, l'Antigone de Sophocle, comme œuvre d'art, opère une purification de ces deux sentiments chez le spectateur ; elle le mène au-delà : au *pur désir* dans l'assomption de son être-pour-la-mort.

Ceci a pour conséquence la relativisation et la mise à leur place seconde de tous les idéaux de bien et du bonheur, idéaux qui entretiennent et la haine vis-à-vis du privateur de mon bien, et la culpabilité pour avoir cédé sur le désir au nom du service des biens. Nous rencontrons là l'impératif d'une dette à payer pour accéder au désir, à énoncer ainsi : le désir doit rester dans un rapport avec la mort, parce qu'il est lui-même dans un tel rapport. Le « doit » vient d'une loi fondatrice du désir : loi *du* désir. Or, c'est sur ce point que nous rencontrons une autre

---

4. *Loc. cit.*, page 200.

tradition éthique : celle de Kant, la plus proche de la démarche freudienne. Mais cependant, la rejoint-elle ?

4) Kant... avec Sade

Il ne s'agit pas ici du Kant de la *Critique de la raison pure*, mais de celui de la *raison pratique*, c'est-à-dire de la volonté pure. Cette pureté est exclusion de tout « pathologique », à entendre de tout ce qui est de l'ordre du pâtir (passion ou compassion) ou du pulsionnel. Cette volonté pure découle de ce qui s'énonce selon deux principes : le *catégorique*, c'est-à-dire une action non pas selon, conformément à l'impératif en son énoncé, mais uniquement *parce que* l'impératif l'énonce — et l'*universel*, soit l'action qui s'impose non seulement à tous, mais dans tous les cas au cours du temps.

Or, il n'y a pas d'impératif sans énoncé. D'où naît la question : *d'où* vient l'énoncé ? *Qui* l'énonce ? La loi de l'impératif tient-elle d'elle-même ? Kant répond : son origine est la voix *intérieure* de la conscience. Or, ce que montre la psychanalyse, c'est qu'il n'y a pas d'intérieur sans extérieur, et plus encore, que le dedans vient d'un dehors. C'est pourquoi, il faut lier Kant à Sade : la loi morale vient de la *voix* de l'Autre, voix que je renvoie à l'envoyeur, à l'Autre. En effet, je complète l'Autre en comblant ce qui lui manque, selon la mise en scène du récit sadien (non sadique) : la voix d'un bourreau jouissant de sa victime. Ainsi, Kant est soutenu par Sade dans le rejet, la destruction et le sacrifice de tout objet de la tendresse humaine, et ceci par la répétition indéfinie de la douleur (seul *pathos* admis par Kant) du corps.

Telle est la fonction du récit sadien où s'imagine ce que Sade appelle de ses vœux : un état de tourment éternel de la victime. Elle n'arrive pas à mourir, dans la tentative sans cesse avortée d'arriver à quoi ? Au *nihil* du pur désir. La voie choisie ne convient pas à cet enjeu. Cette position, en effet, définit strictement le masochisme : assurer la jouissance de l'Autre, lieu de la voix, pour ne pas s'ouvrir à la question de son désir.

Si Sade met en évidence le fantasme kantien, c'est que la voix de l'impératif n'arrive pas à choir. La démarche freudienne est d'y réussir en faisant *limite* à la position masochiste de l'éthique kantienne, pour que de cette limite naisse la question sur le désir de l'Autre. Comment l'amour permet-il à la jouissance de condescendre au désir ?

5) *Une éthique jointe à une esthétique*

Un fil rouge parcourt la trame du séminaire de l'année 1959-60 sur l'éthique de la psychanalyse : la voie qui introduit au pur désir est un langage qui sache *bien-dire* ce qui transparaît du désir de l'éraste *sur* l'image de celui-ci. Seul le beau en effet peut faire *limite* à la jouissance maligne : « barrière extrême à interdire l'accès à une horreur fondamentale », dit Lacan [5], celle de la méchanceté. La beauté, parce qu'insensible à l'outrage, interdit l'obscénité et l'impudeur.

La figure d'Antigone en est le paradigme. Passant au-delà de la vie dans cette zone où la mort empiète sur la vie grâce au franchissement de la limite du bien, Antigone resplendit aux yeux du chœur, et celui-ci sait *bien-dire* cet ἵμερος ἐναργής, ce « désir visible » *sur* son visage. Dépouillé enfin de toute crainte et pitié, le chœur lit la beauté de l'éraste, en disant le triomphe d'*érôs* (vers 781-sq) :

> *Erôs toujours vainqueur*
> *Erôs qui s'abat sur les troupeaux*
> *et reste éveillé la nuit*
> SUR *les joues tendres de la jeune fille*
> *Tu erres par-delà les mers*
> *dans les demeures rustiques*
> ....
> *Ainsi le désir* (himeros) *triomphe*
> *désir visible* (enargès) SUR *les paupières*
> *de la fiancée en attente du lit nuptial*
> *Parmi les maîtres du monde*
> *tu es présent dans les lois primordiales*
> *car invincible la divine Aphrodite*
> *se joue de nous.*

C'est au moment même où le langage exige de rendre compte qu'Antigone n'est pas de l'ordre du monde et s'y soustrait dans la douleur d'exister (comme le « Ah ! Plutôt n'être pas né ! » d'Oedipe à Colone), qu'*alors* il peut célébrer ce qui de la *libido* apparaît sur l'image d'Antigone. En effet, à partir du désir pur

---

5. *Ecrits*, page 776.

qu'est la pulsion de mort, une *visibilité* du désir transparaît en retour sur la *Gestalt* de la forme humaine, et le poète tragique la chante.

La vraie barrière à la méchanceté n'est pas le discours du bien, mais celui de l'effet de beauté de l'éraste (pas de l'éromène). Lacan en ce séminaire multiplie les exemples: l'amour courtois de la Dame, la *Critique du Jugement* de Kant, l'art baroque de la Contre-Réforme. Il ne s'agit pas du tout d'une idéalisation désexualisante6, mais de ce bien-dire qui tourne autour du vide impénétrable de la « chose » inoubliable ; plus encore, il naît de ce *nihil* auquel la vie n'a pas à résister, puisqu'il est ce qui soutient la vie.

Ainsi le désir pur, en sa liaison fondamentale à la mort, n'est pas sans effet libidinal, parce qu'il n'est pas sans effet de retour sur l'*imago* de l'éraste en sa visibilité.

Mais, s'il en est ainsi - question ultime de ce parcours - peut-on encore parler de désir pur dans l'éthique de la psychanalyse ? Certainement pas, dans la mesure où elle se sépare de Kant et de Sade quant à la *voie* de l'instauration de la loi du désir. La loi kantienne, dira Lacan « n'est rien d'autre que le désir à l'état pur, celui-là même qui aboutit au sacrifice, à proprement parler, de tout ce qui est l'objet de l'amour dans sa tendresse humaine - je dis bien, non seulement au rejet de l'objet pathologique, mais bien à son sacrifice et à son meurtre » 7. Et en effet, il est vrai que l'accès au désir suppose le renoncement de l'amour à son objet, à ce souverain bien qu'est la mère. L'analyse rejoint Kant sur ce point.

Mais, la démarche freudienne ne s'en contente pas, et va au-delà. Le désir n'est pas pur, parce qu'il a des conséquences libidinales. Si l'amour ne mène pas au désir et à sa loi, en

---

6. En effet, l'amour courtois n'est pas une désexualisation, comme en témoigne, par exemple, l'affaire Cornilh avec les troubadours Arnaud Daniel, Raimon de Durfort et Truc Malec : Peut-on jouer du cor dans le derrière des dames ? Cf. Pierre Bec, *Burlesque et obscénité chez les troubadours*, Stock, 1984 ; et René Nelli, *Ecrivains anticonformistes du Moyen Age occitan*, tome I, Paris, Phébus, 1977.
7. *Le séminaire, Livre XI*, « Les quatre concepts fondamentaux de la psychanalyse », Paris, Seuil, 1973, page 247.

revanche il se pose *en retour* selon la loi du désir « où seulement il peut vivre » [8]. Le désir alors, loin de l'exclure, le permet selon le hasard de la fortune (de la *tuchè*) et la contingence de la rencontre.

C'est en cela même que le désir-de-l'analyste n'est pas un désir pur. Pour le montrer, il a fallu ce détour par l'éthique pour aborder maintenant le transfert, *en tant qu'*il vient du désir-de-l'analyste. Lacan le présente l'année suivante en changeant de ton ; il passe du tragique de l'*Antigone* de Sophocle, au comique du petit dieu *erôs* avec le *Banquet* de Platon. Pour parler du transfert, le ton exalté, le *Schwärmerei* du héros tragique ne convient pas.

8. *Ibidem*, page 248.

une métaphore
de l'amour

L'éthique de la psychanalyse, comme nous l'avons vu, est celle de la loi du désir. La figure d'Antigone en est la monstration : désir visible *(himeros énargès)*, éclat du désir sur la *Gestalt* humaine, miroitement, scintillement d'un effet de beauté. Cette éthique se joint à une esthétique du bien-dire cette visibilité.

Or, ceci n'est pas sans conséquence sur le chœur qui écoute et voit Antigone ; à bien-dire ce qu'il en reçoit, que s'opère-t-il alors *sur* les spectateurs ? Il y a une transmission. C'est de ce point-là que Lacan l'année suivante (1960-61) va partir pour parler du transfert. Freud parlant en 1914 du transfert distinguait la remémoration et ce qui vient à sa place : à la fois la répétition et l'agir. Mais, tout agir n'est-il que répétition ? Si le transfert est transmission par production du nouveau, n'y a-t-il pas une innovation avec l'agir dans l'analyse même ?

Une lecture du Banquet

Par une nouvelle définition du transfert, Lacan va faire réponse à ces questions en recueillant dans le *Banquet* de Platon un héritage oublié. Il s'agit en effet de lever la censure universitaire de plusieurs siècles, qui dans la ligne du néoplatonisme, a mis au sommet du *Banquet* le discours de Diotime. Le caractère scandaleux des dernières pages du *Banquet* sur le rapport entre Alcibiade et Socrate en a fait écarter la lecture. Ainsi, la *paiderastia* grecque, l'amour des jeunes gens, fut interprétée comme une *paideia*, une éducation du jeune par l'ancien pour une initiation à la vie civique (selon le discours de Pausanias) ou à la connaissance de l'Être qu'est la philosophie (selon le discours de Diotime). Lacan fait rupture avec cette tradition.

Socrate est le « précurseur de l'analyste » [1] en tant qu'il dit « ne savoir rien, si ce n'est ce qui concerne le désir » (*Banquet*, 177d). Il s'agit d'*épistémé*, d'un savoir portant non pas seulement sur le discours de ceux qui parlent *sur* l'amour, mais sur celui qui dit publiquement *son* amour : Alcibiade. La *paiderastia* est un lieu privilégié en tant que là seulement peut s'y *élaborer* (au sens freudien) par la parole un savoir sur l'amour, savoir nécessaire, dans la mesure où *érôs* est per-version par rapport à une *physis*, dérive d'une norme finalisante, universelle et interne à son processus. L'enjeu est de conquérir un savoir d'*érôs*, de cette per-version qu'est la sexualité tout « naturellement », soit un savoir-faire-avec, autre que celui de la névrose où conduit la règle sociale. Hors de ce lieu de sublimation (qui n'est pas désexualisation), l'*érôs* purement actif et silencieux - hétéro ou homosexuel - ne nous apprend rien de neuf ; et quant à la *paideia*, elle n'est que l'application d'un savoir déjà là.

Ceci apparaît clairement avec les cinq premiers éloges de l'amour par les convives du banquet : Phédre le théologien, Pausanias le politique éducateur, Eryximaque le médecin, Aristophane le poète comique, Agathon le poète tragique. Leurs discours ont deux traits communs :

1. L'amour y est présenté sous la figure de « coupe pleine » (175d). L'amour est manque de rien. Il a toutes les vertus et qualités (Agathon). Il fait « sphère » (Aristophane), totalité sans faille, image de complétude qu'est la réduction à l'un de deux moitiés séparées. Il est sans père, sans généalogie, non engendré, puisque cause première de tous les biens (Phédre).

2. Cette exaltation repose sur la supposition d'un lieu du savoir sur *érôs*, *déjà là*, à retrouver donc et non à produire. L'amour est conformité à un savoir déjà inscrit quelque part : dans la louange des dieux (Phédre), dans le mythe de l'Un originel de notre *archaia physis* (Aristophane). Ou encore, avec Pausanias, dans la loi de la cité d'Athènes : l'éromène accorde ses faveurs à ses érastes selon des règles établies, selon le savoir d'une éthique civique de l'amour éducateur ; son acceptation d'être aimé doit lui servir à l'acquisition de l'honneur, du courage et

---

1. *Ecrits*, page 825.

de la vertu de son éraste ; ainsi, prudence, pudeu[...]
mise à l'épreuve permettent le départage entre le p[...]
l'inutile[2].

Or, ces traits communs ne sont pas croyables. Le to[...] de ces
cinq éloges est celui de l'ironie, de la parodie et même de la
bouffonnerie. La clef du *Banquet* est ici : dans le hoquet
qu'attrape Aristophane dans le fou-rire général, que mérite la
louange de la « coupe pleine ».

La prise de parole par Socrate introduit une coupure. Les
discours précédents décrivent l'amour comme plénitude,
c'est-à-dire ce que l'on attribue à l'éromène et non à l'éraste, en
tant qu'aimer, c'est vouloir être aimé et aimable. Ils sont beaux,
vrais et bons, et en cela même ils sont de l'ordre de l'opinion,
du mythe et de la fiction. Socrate vise autre chose : le savoir
(*épistémé*), soit ce qui rend *raison* du dire vrai, beau et bon. Or,
avoir l'*érôs* du savoir, c'est ne pas savoir ; car, *érôs* est manque.
Il n'est donc pas parfait, il est « coupe vide », manque de ce
qu'on n'a pas, désir (*epithumia*). Pas de savoir de l'*érôs*, sans
érôs du savoir, sans nescience. Socrate se tait donc au point
même où il ne sait pas, et il laisse parler Diotime par sa bouche,
là où lui manque le savoir du désir.

Que dit Diotime ? Du bon platonisme. *Erôs* est sublunaire, lieu
de l'instable et de l'incertain, de par sa mère *Pénia* (pauvreté).
Mais il peut passer au céleste, lieu de l'immortel et du certain,
parce qu'il est l'enfant de son père *Poros* (richesse). Il est
entre-deux, ce « démon » qui fait passer d'un monde à l'autre,
en engendrant *dans* la beauté, selon un mouvement d'ascension
de la beauté des corps à celle des âmes *par* le bien-dire.

Dans cette marche ascendante vers l'être solide et constant, un
virage s'opère. La beauté de guide qu'elle était, devient le but :
le Beau lui-même, l'Un. L'enjeu en est une identification par
idéalisation en terme d'*être*, soit très exactement ce que Freud a
appelé idéal du moi (*Ichideal*), soutien du narcissisme. D'un
point en grand I, je me vois aimable, éromène. Retournement
final de la position d'éraste en celle d'éromène : telle est la voie

─────────
2. Cf. le livre (utilisé judicieusement par M. Foucault) de
K.L. Dover, *Homosexualité grecque*, Paris, La Pensée sauvage,
1982.

...diquée par Diotime, une promotion de l'être-plus. C'est bien ce qui du *Banquet* est passé dans notre tradition[3].

La signification de l'amour est un transfert

Rompre avec cette tradition, c'est voir sa chute dans l'arrivée d'Alcibiade : là est la pointe du *Banquet*, en ce qu'elle nous enseigne sur le transfert. Avec Alcibiade nous n'entendons plus un éloge d'*érôs*, mais celui d'un éraste pour son éromène. Comment s'est réalisé *en* Alcibiade un transfert selon la formule de Lacan : le désir du sujet est le désir de l'Autre ?

Le transfert n'est pas simplement une ré-inscription, soit ce qui s'instaure chaque fois qu'un sujet s'adresse authentiquement à l'Autre : définition trop générale. Dans l'analyse, le transfert est un processus spécifique, que Platon a exposé dans les dernières pages du *Banquet*, avec le discours d'Alcibiade. Le transfert vient du désir-de-l'analyste, de l'analyste occupant la place vacante du désir de l'Autre. Alors, s'il y a un désir quelque part, peut se réaliser une métaphore (si l'on parle grec), un transfert (si l'on parle latin) de l'amour, soit une *substitution* de places, l'analysant comme éromène devenant éraste à son tour, et mettant l'analyste en position d'éromène. *Mais*, à cette double condition : l'analysant devient éraste dans la mesure où *il ne sait pas* en *quoi* il est éromène ; et à cette inscience correspond corrélativement une deuxième inscience : l'analyste peut être mis par l'analysant en position d'éromène dans la mesure où *il ne sait pas* lui-même l'objet qu'il recèle, l'objet cause du désir de l'analysant. Bref, il n'y a pas pure répétition du passé, mais production d'un *agieren* nouveau.

L'analyse n'est pas seulement la symbolisation d'un passé refoulé, mais innovation : un feu prend, et de la bûche enflammée une main surgit qui tente de rejoindre la main déjà là depuis longtemps, tendue vers elle. Pour voir comment la fin du *Banquet* instaure ce processus, il nous faut distinguer trois séquences :

---

3. Cf. les *Confessions* de saint Augustin, au chap. VII (146), et surtout au ch. IX (199-201) : la vision à Ostie avec sa mère.

Premier temps

La métaphore de l'amour suppose un préalable : le désir de Socrate. Alcibiade a été le premier éromène de Socrate ; mais cette antériorité de l'éraste est une antériorité *voilée* du désir de l'Autre, parce qu'Alcibiade ne sait pas *ce qu'il a en lui, qui le constitue comme éromène*. D'où naît la question : *che vuoi* ? Que veux-tu de moi ? Que je le sache enfin, pour qu'à partir de ce savoir je sache ce que je suis *pour* toi !

Sur cette inscience de l'éromène sur le désir de l'Autre, Lacan citait ces vers de V. Hugo dans *Booz endormi* :

> « *Booz ne savait pas qu'une femme était là.*
> *Ruth ne savait pas ce que Dieu voulait d'elle.* »

Deuxième temps : la naissance de la métaphore

Le phénomène de substitution de places a été parfaitement décrit dans le *Phèdre*, avec l'importance qu'il convient de donner à la vision de l'éraste par l'éromène. Ainsi, Platon écrit : « Une fois reçu par la voie des yeux l'émanation de la beauté, l'initié s'échauffe » (251 b). Cette émanation est un courant (en grec *himéros*, le mot même qu'emploie Sophocle pour qualifier le désir d'Antigone), qui explique la substitution de places :

> « Pareil au souffle ou au son que des surfaces lisses et résistantes font rebondir et renvoient en sens inverse à son point de départ, ainsi le *courant* qui est venu de la beauté chemine en sens *inverse* par la voie des yeux vers le bel objet. » Ainsi, « à son tour, l'âme de l'éromène est pleine d'amour ! Le voilà qui aime ; mais quoi ? Il en est bien en peine : il ne sait même pas ce qu'il éprouve, il ne peut pas davantage en rendre compte. C'est comme s'il avait d'un autre attrapé une ophtalmie ; il n'est pas à même de rien alléguer ce qui l'explique ; il ne sait pas que dans son éraste, comme dans un *miroir*, c'est lui-même qu'il voit » (255d).

Or, c'est exactement ce que le *Banquet* va mettre en scène avec la confession publique d'Alcibiade. Que dit-il donc ? Qu'il a invité Socrate à dîner et à passer la nuit avec lui, pour que, ayant séduit Socrate, il reçoive de lui des *signes* d'amour, en clair : que Socrate bande devant lui ! (217-19). A cette demande

121

incondifionnelle de signes, Socrate ne répond pas. Il ne dit pas qu'il ne l'aime pas, mais il ne répond pas. Si Socrate répondait à la demande de signes, alors la métaphore serait ratée. Alcibiade resterait un éromène, celui de Socrate. Or, ce que cherche Socrate en Alcibiade, ce n'est pas tant le désirable que le désirant, soit le manque en lui.

Plus exactement, Socrate désire Alcibiade comme désirant... et non pas *le* désirant, sinon Alcibiade s'aimerait encore en Socrate, en tant qu'aimer c'est vouloir être aimé. Alcibiade change donc de place, il devient éraste, et à ce moment-là, comme dit le *Phèdre* : « Il ne sait pas que dans son éraste, comme dans un miroir, c'est lui-même qu'il voit » (255d), lui-même devenu éraste. Mais Platon le sait du savoir de Socrate.

Troisième temps : la réalisation de la métaphore

Cette scène privée de l'invitation chez soi ne reste pas intime. Alcibiade la pose dans une deuxième scène, au banquet, chez Agathon. Il fait de cette première scène une confession publique *devant* un public choisi, qui deviendra par Aristo-dème, puis par Platon, ce public anonyme que nous sommes aujourd'hui comme lecteurs. Alcibiade s'expose, il s'avance seul, parce qu'il n'est pas un névrosé s'acharnant à demander des signes d'amour ou à faire silence. Il dit sa passion : combien la voix de Socrate le possède, le trouble et le fait pleurer, comment il a obéi à ses paroles, et quelle honte il avait à montrer en public cette dépendance. Aujourd'hui, il avoue sans pudeur dans l'absence de crainte de castration ce qu'est sa passion « féminine ».

Ainsi, par ce bien-dire, il accomplit la métaphore de l'amour : il *constitue* Socrate en place d'éromène recélant l'objet de son désir. Confession épouvantable, où Alcibiade dit sa rage d'homme blessé, insulté, déshonoré en son honneur « mascu-lin », « mordu d'une étrange blessure » (Lacan).

Mais, par ce dire, il forge une mise en présence de l'objet de son fantasme, là où se trouve la cause de son désir. L'éloge qu'il fait de Socrate *produit* cet objet que Platon nomme : ἄγαλμα *(agalma)*. Il y a là une subversion du sens commun de ce mot : l'*agalma* n'est pas la belle image, l'image divine en son

122

ornement. L'*imago* de Socrate, ce qu'elle montre au dehors (ἔξωθεν) en « faisant le naïf et l'enfant », n'est qu'une boîte rustique et grossière. Mais au-delà d'elle, au dedans (ἔνδοθεν) il y a des bijoux, des *agalmata*. Socrate est mis en position d'éromène par Alcibiade, en qui se réalise la métaphore de l'amour, soit sa signification même.

Ce qu'Alcibiade désire en Socrate, ce n'est plus l'image-habit dont il le revêtait, pour s'identifier à elle et se voir en elle comme aimable. Il ne demande plus des signes d'amour. Au-delà de l'amour, qui dans son essence est narcissique, il y a le désir causé par l'*agalma* caché ; au-delà de l'image-habit, il y a ce reste que Lacan appelle objet petit *a* et qui fait *tenir* l'image.

Ceci nous éclaire sur ce qu'est le transfert dans la psychanalyse : substitution de places. Mais tout n'est pas là. Que répond Socrate en effet ? Que la vérité (et non l'opinion) est qu'il n'y a pas d'*agalma* en lui, et que tout ce que dit Alcibiade ne le concerne pas lui, Socrate, mais Agathon. Il lui désigne son véritable éromène. Plus encore, il l'accompagne et le soutient en faisant l'éloge d'Agathon. Par cette *triangulation* il le satisfait en lui présentant une image de lui-même, une image d'éraste désirant ce même éromène : Agathon.

Or, qu'en sait-il qu'il n'y a pas d'*agalma* en lui-même ? Qu'en sait-il que l'*agalma* pour Alcibiade est en Agathon ? Il y a là, certes, une interprétation forcée, dont l'analyste a à se garder. Et cependant, la direction est juste, en tant que c'est à l'analysant *lui-même* à accomplir ce passage à une triangulation. Ayant constitué son fantasme fondamental, l'analysant a désormais à vivre sa pulsion au-delà de l'analyste, selon la contingence de la bonne rencontre (l'*eutuchia*) de tel Agathon ou de telle Agathe, et non selon la voie de l'identification idéalisante, celle qu'indiquait Diotime [3bis].

3bis. Quatre ans après, Lacan, lisant *Le ravissement de Lol. V. Stein*, reprend cette triangulation constituante de l'éraste dans « Hommage fait à Marguerite Duras », avec Lol, Tatiana et Jacques Hold. Cf. *Cahiers Renaud-Barrault*, 1965, et *Marguerite Duras*, Paris, Albatros, 1979, pages 131-138.

Mais, quelle place l'analyste doit-il occuper, pour que l'analysant accomplisse ce passage ?

La place de l'analyste

Cette nouvelle définition du transfert comme métaphore de l'amour nous montre qu'il vient du désir-de-l'analyste. Celui-ci occupe une place qu'il laisse vacante au désir de l'analysant, de sorte que celui-ci se réalise comme désir de l'Autre. Pourquoi cette nécessité ?

L'être humain dès sa naissance pose, ou plutôt est de tout son être cette question : que veut l'Autre ? adressée là où prennent place divers noms, à la suite du premier qu'est la plupart du temps celui de la mère, en notre culture (nous ne faisons pas ici de l'ethnologie comparée !). Il y a à savoir ; l'être parlant interroge ce lieu, ou plus exactement, c'est *de* ce lieu que Je interroge : je te demande ce que je suis pour toi. Cette demande est demande de signes d'amour, à partir de quoi le sujet s'identifiera aux traits de l'idéal du moi, d'où le sujet se voit aimé.

Ce résultat narcissique reste insatisfaisant : rien ne peut faire cesser la demande et le défilé des signifiants. Ce qui met fin à cette ronde est *le signifiant du désir de l'Autre* en tant que manquant dans l'ordre symbolique : le signifiant phallique (que Lacan note Φ, grand phi). Seul signifiant à se signifier lui-même, s'il ne manquait pas, alors il abolirait tous les autres signifiants, auxquels il donne signification de par son absence même. Refoulé irréductible, *urverdrängt*, il laisse sans réponse dernière la question sur le désir de l'Autre ; celui-ci est barré : S ($\cancel{A}$), de la barre de la castration symbolique. Il y a une incomplétude en l'Autre.

C'est pourquoi, le sujet doit conclure *lui-même*. Retournant le « je te demande ce que je suis pour toi » en « je me demande ce que tu es pour moi », il fait enfin réponse en posant l'objet petit *a* du fantasme à *cette* place vacante au lieu de l'Autre : S ($\cancel{A}$) (à lire : signifiant de grand A barré).

Ainsi, cesse le défilé des signifiants par cet arrêt qu'est la fixation du fantasme fondamental là où se tient l'objet, cause du désir : sujet barré poinçon petit *a*, à écrire ainsi : $\cancel{S} \lozenge a$, la barre étant celle même de S ($\cancel{A}$). Là même où l'Autre est barré et où l'angoisse du désir de l'Autre peut surgir, le fantasme sert d'appui et de soutien : sur cette fenêtre qu'est ce lieu vide en l'Autre, l'écran du fantasme est déposé. Là où en l'hétérité de l'Autre, le sujet ne peut ni ne doit trouver son identité ni la garantie de sa place, il se destitue en s'identifiant à l'objet du fantasme. Celui-ci n'est pas butée, mais support à traverser... comme un pont où poser nos pas à la rencontre de l'énigme de l'Autre.

C'est ce que fait Alcibiade, et tout analysant en fin d'analyse. Mais, à quelle condition ? Que l'analyste occupe cette place vacante *pour* l'analysant. Sur ce point, le retour à Freud opéré par Lacan est capital. Le freudisme fut pour une bonne part une lecture de la deuxième topique, selon laquelle l'analyse serait la constitution de l'idéal du moi selon les idéaux de la personne. A l'opposé, Freud décrit cette identification comme un obstacle à lever dans l'analyse, et non à conforter ou à instaurer. *Massenpsychologie* (1921) est tout à fait net ; mais les institutions analytiques par leurs standards de formation ont fait de la didactique une identification à l'analyste (ce qui laisse peut-être à la dite « thérapeutique » un peu plus de chances d'éviter cette impasse éducative). Ainsi, par son retour à Freud, Lacan en remettant l'analyse en route, contestait la formation officielle des analystes, selon laquelle — avouée ou non — l'analysant fait de son analyste son idéal du moi. L'analyste y pare en occupant la place vacante du désir de l'Autre : S ($\cancel{A}$). Précisons cet enjeu :

a) *Dans la relation* imaginaire :

Reprenons le schéma L (page 77) non pas en général, mais dans la particularité de la relation entre l'analysant et l'analyste, ce que Lacan appelle la partie de bridge analytique. L'analyse est une partie à quatre places, disposées selon le schéma L : deux selon la relation imaginaire (entre le petit autre et le moi) et deux selon le langage et son effet qu'est l'inconscient (entre l'Autre lieu de la parole et le sujet). Dans cette partie de bridge, l'analysant joue son propre jeu, et pour cela il est nécessaire qu'il ait en face de lui, selon la relation imaginaire, un *partenaire* ; l'analyste n'a pas à s'y refuser, il ne joue pas contre. Mais, la place qu'il occupe, comme petit autre de l'analysant, est celle du *mort*, c'est-à-dire il laisse à découvert, sur le tapis, les cartes du destin *de* l'analysant avec lesquelles celui-ci met en jeu son existence. Mais celui-ci ne pourra le faire que si l'analyste joue vraiment au mort. Qu'est-ce à dire ?

Se comporter comme un mort, se cadavériser, ne pas céder aux prestiges de la prestance ou de la séduction, « offrir au sujet le miroir pur d'une surface sans accidents » [4], ce modèle d'abstention est-il soutenable ? L'analyste serait-il un être sans sentiments ni passions ? Et s'il ne l'est, va-t-il y jouer ?

A l'inverse, dans la ligne de Mélanie Klein, va-t-il utiliser ses propres sentiments et passions pour mieux repérer ceux et celles de l'analysant ? Le souci sympathique de « comprendre » n'est-il pas le refuge de la méconnaissance ?

Excluant l'une et l'autre positions, la réponse est d'ordre éthique : celle qu'est le désir-du-psychanalyste, désir plus *fort* que les passions. Or, un désir se cerne par l'enjeu qu'il promeut, celui-ci :

b) *Séparer l'objet petit a de i(a)*
et le restituer au champ de l'Autre

En l'année 1960, année de ce séminaire sur le transfert, Lacan écrit dans «Remarque sur le rapport de Daniel Lagache : "Psychanalyse et structure de la personnalité" » [5], à propos de l'objet petit *a* :

« Objet partiel il n'est pas seulement partie, ou pièce détachée, du dispositif *imaginant* ici le corps, mais élément de la structure *dès l'origine*, et si l'on peut dire dans la donne de la partie qui se joue. En tant que sélectionné dans les appendices comme indice du désir, il est *déjà* l'exposant d'une fonction, qui le sublime avant même qu'il l'exerce, celle de l'index levé vers une absence dont l'*est-ce* n'a rien à dire, sinon qu'elle est de là où ça parle » [6] (je souligne).

---

4. *Ecrits*, page 109.
5. Lacan renvoie ici au schéma optique imaginant le corps, dans *Ecrit*, pages 674 et 680.
6. *Ibidem*, page 682.

Ainsi, l'objet de la pulsion (sein, excrément, regard, voix) se détachant de l'*imaginaire* corporel de *i (a)*, est posé dans l'ordre *symbolique* où il était dès l'origine, pour y devenir alors *cause* du désir :

« C'est bien pourquoi réfléchi dans le miroir, il ne donne pas seulement à l'étalon de l'échange, la monnaie par où le désir de l'autre entre dans le circuit du transitivisme du moi idéal. Il est *restitué* au champ de l'Autre en fonction d'exposant du désir dans l'Autre. »

« C'est ce qui lui permettra de prendre au terme vrai de l'analyse sa valeur élective, de figurer dans le fantasme ce devant quoi le sujet se voit s'abolir, en *se réalisant* comme désir » (Je souligne.)

Que la volonté condescende donc au désir, selon le fantasme constitué, telle est la fin de l'analyse. Et pour cette fin, que le sujet sache s'il le veut ! En effet :

« Pour accéder à ce point au-delà de la réduction des idéaux de la personne, c'est comme objet *a* du désir, comme ce qu'il a été pour l'Autre dans son érection de vivant, comme le *wanted* ou l'*unwanted* de sa venue au monde, que le sujet est appelé à renaître pour *savoir* s'il veut ce qu'il désire... Telle est la sorte de vérité qu'avec l'invention de l'analyse, Freud amenait au jour. »

Par ces lignes, Lacan présente le processus, l'enjeu et le terme de l'analyse. *Mais*, cette réalisation est conditionnée non pas seulement par le primat du symbolique sur l'imaginaire, mais par l'*incomplétude* du symbolique : sans S (Ⱥ) pas de $ ◇ *a*. Sans le manque symbolique, pas de fantasme. Or, ce manque ne peut s'instaurer que si l'analyste de par sa position le présentifie, c'est-à-dire occupe cette béance qu'est le désir de l'Autre, là où est appelé le signifiant du désir : Φ. A cette place, l'analyste est la présence réelle de ce qui se tait en ce qu'il manque à être.

Tel est sur le transfert et la fin de l'analyse l'enseignement de Lacan à ce moment-là en 1960-61. Remarquons que tout se joue dans la précision du rapport *entre* la dimension symbolique et la dimension imaginaire. Mais, qu'en est-il du *réel*, nommé pourtant dès 1953 ? Il n'est pas encore introduit en tant que tel. Lacan le fera à partir de 1964, et, comme nous le verrons, ce ne sera pas sans conséquence sur la définition du transfert lui-même.

Quatrième partie

vers le réel

« L'idée même de réel comporte l'exclusion de tout sens. Ça n'est que pour autant que le réel est vidé de tout sens que nous pouvons un peu l'appréhender. »

Lacan, le 8 mars 1977 [1]

---

1. Séminaire : *L'insu que sait de l'une-bévue* (inédit). Cf. la revue *Ornicar ?*, n° 16, 1978, p. 12.

Chapitre un

une démarche cartésienne

Le 20 novembre 1963

Cette date est celle de la première leçon du séminaire, prévu pour cette année-là sous le titre « Les Noms du Père ». Or, elle fut la dernière rencontre de Lacan avec ses auditeurs à Sainte-Anne. Il interrompt son enseignement ; en effet, certains membres éminents de la Société française de psychanalyse viennent de mettre en œuvre la demande de l'Association psychanalytique internationale (I.P.A.) : qu'il soit rayé de la liste des didacticiens et des enseignants.

Cette dernière leçon fait réponse, une réponse qui annonce la nouvelle direction de son enseignement dès 1964 : « Depuis longtemps, le nom de Freud n'a cessé de devenir plus inopérant » par ce que l'institution analytique a fait du texte freudien sous couvert de ce nom. Sur quel point essentiellement ? Sur la fonction du père *à partir de* l'Œdipe et du mythe de *Totem et Tabou*. Or, « si toute la théorie et la praxis de la psychanalyse nous apparaissent aujourd'hui comme en panne, c'est pour n'avoir pas osé sur cette question *aller plus loin que* Freud ». Aller plus loin que Freud sur la fonction paternelle, c'est l'interroger sur ceci : que la conjonction exigible de la loi et du désir s'engendre dans le mythe freudien de cette « *supposition* de la jouissance pure du père comme primordiale » [1]. Opérer un retour à Freud, c'est lire en son texte comment Freud lui-même autorise la mise en cause de cette supposition : « Il nous permet de tracer le clivage d'un chemin

---

1. Sur cette « supposition » freudienne : mon article « L'amour du père chez Freud », dans la revue *Littoral* 11/12, pages 153-168, fév. 1984.

qui aille au-delà, infiniment plus loin, structuralement plus loin que la borne qu'il a posée sous la forme du meurtre du père. » Lire un texte, c'est engendrer de lui un autre texte.

L'enjeu de l'analyse est d'opérer un clivage entre le désir de l'Autre et sa jouissance. L'instauration de cette béance permet au désir — en tant que pervers — de reconnaître sa loi comme désir de l'Autre, et non de sa jouissance. Enjeu primordial, lorsqu'il s'agit du père puisque la fonction du père est justement d'opérer ce franchissement. Pour le montrer, Lacan s'appuie sur le récit biblique du sacrifice d'Isaac par Abraham. Rompant avec les interprétations édifiantes sur l'oblativité (le don de son fils à l'Elohim), il montre le ressort de ce récit : « Aller sacrifier son petit garçon à l'Elohim du coin, à l'époque c'était courant. » Autour d'Israël, il était coutumier de sacrifier le plus cher à son Baal ; en Israël, c'était défendu, mais la répétition de l'interdit indique bien que ça sacrifiait dur, les rois comme le peuple [2].

Comme l'a bien remarqué Kierkegaard dans *Crainte et Tremblement*, Abraham est mis à l'épreuve. Il est dans l'angoisse du désir de l'Autre dont il a reçu un enfant sans autre appui que la promesse, et qui l'a fait père par une femme bréhaigne. Il pare à cette angoisse par le « sacrifice » de son unique. Pendant trois jours et trois nuits il marche sans broncher, en croisé se vouant à la jouissance de l'Autre (génitif subjectif). Or, sur la montagne du sacrifice la main de l'ange d'Elohim arrête son bras. Ce geste qui barre est le « non » de la loi du désir : pas de savoir sur la jouissance de l'Autre (côté perversion), pas de demande de l'Autre à satisfaire comme identifiée à son désir (côté névrose). Ainsi, ce « non » ouvre-t-il une béance entre désir et jouissance.

Alors, en cette faille apparaît aux yeux d'Abraham ce qu'il ignorait : figuré par ce bélier qui se rue sur la pierre de sacrifice,

---

2. « Tu ne feras pas pour Iahvé ton Dieu, ce que les nations ont fait pour leurs dieux, tout ce qu'abomine Iahvé, ce qu'il déteste, car elles brûlent par le feu leurs fils et leurs filles pour leurs dieux. » Ce texte du *Deutéronome* (XII, 31), comme celui du *Lévitique* (XVIII, 21), rappelle l'interdit en tant qu'il est transgressé en Israël. Cf. II Rois XVII, 17 ; Jérémie XVIII, 21. Ainsi le roi Achaz immola son propre fils par le feu (II Rois XVI, 3) ; le roi Manassé fit de même (II Rois XXI, 6).

voilà l'ancêtre, soit notre « origine biologique », le père primordial, celui dont la jouissance pure était supposée à l'origine par Freud : « ce que l'Elohim désigne pour le sacrifice à Abraham à la place d'Isaac, c'est son ancêtre, le dieu de sa race », dit Lacan. Et Abraham le tuant en éteint la voix. De la voix, opérant la chute, il fait la cause de son désir. Telle est la révélation de son fantasme.

L'allusion de Lacan à la situation présente est claire. A ses auditeurs de choisir : *ou* maintenir la voix de l'institution I.P.A., « sacrifiant » Lacan au nom de Freud l'ancêtre ; *ou*, aller avec le texte freudien au-delà de Freud. Et il conclut : « Je ne vous ai jamais, à aucun moment, donné prétexte à croire qu'il n'y avait pas pour moi de différence entre le oui et le non. »

Lacan, proscrit par l'I.P.A., se retrouve seul avec ses élèves et hors-institution. Ainsi, dix ans après sa fondation, la Société française de psychanalyse ne peut plus être le lieu de réalisation du rapport de Rome (1953) et de la conférence de Vienne (1955).

Ce vide institutionnel marque un tournant dans l'enseignement de Lacan. En effet, pendant dix ans, il a tenté un retour à Freud en lisant dans le texte freudien un rapport de prévalence du symbolique *sur* l'imaginaire. Continuer à préciser ce rapport laisserait encore en suspens ce qu'il en est de la fin de l'analyse. En effet, l'hystérisation provoquée par la règle d'association libre, est-elle terminable ? Engendre-t-elle un *savoir* ou non ?

Bref, l'interruption du séminaire le 20 novembre 1963 laisse entiers deux problèmes : la fin de l'analyse et l'institution. Ils ouvrent avec urgence la question de l'extraterritorialité de la psychanalyse : peut-elle se pratiquer et s'enseigner publiquement sans que l'analyste ne tienne compte des *limites internes* à sa discipline, sous peine de n'avoir à connaître que les limites *externes* que sont les exigences scientifiques et juridiques que la société impose face à l'imposture ? Question inévitable quoique sans cesse évitée.

Lacan avance dans cette voie en reprenant son séminaire dès janvier 1964, et en fondant l'Ecole freudienne de Paris en juin. Il le fait en introduisant le *réel* dans son *rapport au symbolique* : « Aucune praxis plus que l'analyse n'est orientée vers ce qui, au cœur de l'expérience, est le noyau du réel [3]. »

Cette orientation est à prendre à partir de cette définition : la démarche freudienne est *cartésienne*, et c'est en cela même qu'elle est éthique. De ce frayage vont s'engendrer *deux textes* fondamentaux : « La science et la vérité » (prononcé le premier décembre 1965 et clôturant les *Ecrits* à paraître l'année suivante) et la « Proposition du 9 octobre 1967 sur le psychanalyste de l'Ecole » (appelée communément Proposition sur la passe !).

Ainsi, ce que le rapport de Rome et la conférence de Vienne ont été pour la S.F.P., ces deux nouveaux textes le sont *pour* l'E.F.P. [4] : à la fois au fondement d'une institution et en rupture avec un passé. Ce n'est là que rapport d'analogie, à préciser maintenant.

Le sujet de la science

« L'inconscient est ce chapitre de mon histoire qui est marqué par un blanc ou occupé par un mensonge : c'est le chapitre censuré. Mais la vérité peut être retrouvée », écrivait Lacan dans le rapport de Rome [5]. Et où donc retrouvée, sinon par les formations de l'inconscient, en tant qu'analysées !

Ainsi, grâce au pouvoir de la parole, l'analyse est par l'interprétation un dire de vérité là où il fut absent, soit la reconnaissance du désir par un autre désir. Processus de substitution d'une parole pleine à une parole vide, du bien-entendu au mal-entendu, l'analyse serait l'instauration d'une continuité intersubjective : rien de moins que celle du discours où se constitue l'histoire du sujet.

De quel *sujet* s'agit-il donc ? Du sujet même de l'*énonciation* dans et par la relation intersubjective. Il y a en effet la supposition - surprenante alors ! - du pouvoir de la parole

3. *Le séminaire, Livre XI*, Paris, Seuil, 1973, page 53.
4. Ce « pour » l'E.F.P. est un lien. La dissolution de l'E.F.P. le 5 janvier 1980 permet à chacun de dénouer ce lien. De nouveaux statuts institutionnels n'y suffisent pas.
5. *Ecrits*, page 259.

interlocutive, pouvoir à la fois créatif et illuminateur, celui même de l'ordre symbolique en son *primat* sur l'imaginaire. L'enjeu était là : désengluer la praxis analytique de la relation imaginaire où elle s'était dévoyée. Ethique de vérité, où se dévoilerait l'infinitude du désir au-delà de la demande portant sur l'objet du besoin.

Or, dans quel contexte historique cet enjeu est-il posé ? Dans celui de « l'aliénation la plus profonde du sujet de la civilisation scientifique » [6]. Là, le sujet perd son sens dans les objectivations du discours (y compris dans celles du discours de Freud !). Il s'y oublie et méconnaît dans une fausse communication le sens particulier de sa vie. Ainsi, là où le mur du langage s'oppose à la parole, l'analyse permet à la parole subjective de renverser ce mur.

D'où les questions : la psychanalyse, en remédiant aux effets subjectifs de la science, serait-elle contre elle ? Faut-il revenir à la notion ancienne d'*épistémè* (celle du *Théétète*) par-delà la science moderne (celle de Galilée et de Newton) ? Quel rapport enfin le symbolique a-t-il avec le *réel* ? Autant de questions qui ne peuvent longtemps être laissées en suspens : « La psychanalyse a joué un rôle dans la subjectivité moderne et elle ne saurait le soutenir sans l'ordonner au mouvement qui dans la *science* l'élucide [7]. »

Mais alors, dans cette ordination, de quelle subjectivité s'agit-il ?

A partir de 1964, Lacan tranche : il n'y a pas de relation intersubjective ; le sujet n'est pas ce qui est supposé par un autre sujet. Constatant « l'effet de relâchement » subi par sa propre thématique à mesure de sa diffusion sous le nom de « lacanisme », il y pare par cette affirmation : « Le sujet sur quoi nous opérons en psychanalyse ne peut être que le sujet de la science » [8], soit celui qui est né pour la première fois en Occident au XVIIᵉ siècle sous son nom de *cogito* cartésien. Il s'est passé à ce moment-là un événement sans lequel personne ne parlerait de Freud, parce que sans cet avènement du *cogito*

6. *Ibidem*, page 281.
7. *Ibidem*, page 283.
8. *Ibidem*, page 858.

cartésien, Freud n'aurait pas découvert l'inconscient, en tant que le sujet qui se réalise dans la psychanalyse est ce *cogito* même. Non pas la psychè, l'âme de l'*Innenwelt* doublant un *Umwelt*, ni le sujet jungien des profondeurs, ni le substrat (hypokeimenon) d'une identité permanente, ni non plus l'intersubjectivité du sujet parlant, mais le sujet qui a son origine historique dans le sujet de la science.

L'enjeu est d'ordre éthique : acquérir une certitude pratique. « J'ai, écrit Descartes, un extrême désir d'apprendre à distinguer le vrai d'avec le faux pour voir clair en mes actions et marcher avec assurance en cette vie. » Or, c'est à cela même que répond le précepte freudien : *Wo es war, soll Ich werden*, là où c'était, là comme sujet dois-je advenir. En quoi donc cette démarche est cartésienne ? Déplions un seul acte selon trois moments discursifs :

a) *Dubito*

J'ai reçu des savoirs au pluriel, savoirs innombrables venus du dehors, « par la tradition et les sens », dit Descartes, soit selon l'ordre symbolique du langage et selon l'imaginaire corporel. Or, ce n'est que du vraisemblable, de l'opinion. Si la vérité se définit comme *adaequatio rei et intellectus*, rapport d'égalité entre l'objet et l'idée, alors oui il n'est pas possible de tirer de ces vérités un savoir au singulier.

Mais, ce qui distingue l'homme, c'est le pouvoir du *dubito* ; par lui il peut se désengluer de ce vraisemblable qui ne mène à rien de certain. Inhibition, symptôme, angoisse : les uns me disent que c'est organique, les autres que c'est par manque de volonté. Je passe du fait au droit : je peux douter, donc je dois, car de toutes ces vérités je ne reçois pas de lumière pour conduire ma vie.

b) *Dubito, cogito*

Mais par le doute j'instaure une coupure entre *intellectus* et *rei*, et de cette déliaison je recueille un reste : une suite de *Gedanken* (pensées), dit Freud, une « chaîne de pensées », dit Descartes, un défilé de signifiants. Or, de cela je ne peux douter. Je suis assuré *de* ce que je doute, de penser. Telle est la règle fondamentale de l'analyse : vrai ou faux, peu importe, vous dites la suite des pensées qui viennent ; il suffit de respecter l'ordre de leur avènement : primat de l'ordinal sur le cardinal. S'en faire heureusement la dupe, c'est notre lot et notre levier d'Archimède. Chacun est responsable de ses pensées : je n'y suis pas pour rien. Elles m'appartiennent, parce que je leur appartiens : *ubi cogito, ibi sum*, dit Descartes. La coupure d'avec un dehors instaure un dedans, un lieu qui m'est propre, *at home*.

c) *Cogito, sum*

Le doute du vraisemblable antérieur a permis l'accueil de *Gedanken* présentes. Or, de celles-ci résulte le sujet en sa certitude, selon un rapport d'implication. La naissance du sujet est *contemporaine* de sa certitude : l'affirmation que « je suis » est certaine, chaque fois que je prononce cette « pensée » qui me vient : « Il faut conclure, et tenir pour constant que cette proposition : *je suis, j'existe*, est nécessairement vraie, toutes les fois que je la prononce » (Méditation seconde).

A quoi Lacan avec Freud fait écho : « La pensée ne fonde l'être qu'à se nouer dans la *parole* où toute opération touche à l'essence du langage », en tant « que rien ne se parle qu'à s'appuyer sur sa cause »[9]. Assumant par la parole ma propre causalité, il y a simultanéité de la naissance du sujet et de sa certitude, en l'instant ponctuel où le je suis est l'*effet* (*ergo*, dit Descartes) du je pense. Le sujet est appelé à partir du signifiant en son actualité. Il n'y a de sujet que *suppositum*, posé sous la barre du signifiant :

$$\frac{S}{s}$$

d) *Wo es war*

Le sujet freudien est bien la reprise du *cogito* cartésien, mais non sans une révision du fondement de sa certitude. Il y a un *écart* temporel entre la naissance du sujet dans le passé du *Wo es war*, et le moment présent de sa certitude du *soll Ich werden*,

---

9. *Ibidem*, page 865.

après-coup, dit Freud. Dans l'après-coup des formations de l'inconscient, la certitude porte sur un sujet déjà né en un « ça pense », avant qu'il n'advienne à sa certitude.

En effet, aucun signifiant présent ne peut représenter à lui seul le sujet. Il s'y pétrifierait, comme dans la folie : un roi ne se prend pas pour un roi, à moins d'être fou ; et Napoléon ne s'est pas identifié à Napoléon, si ce n'est à Sainte-Hélène. Pourquoi donc ?

Prenons une formation de l'inconscient : le rêve. Comment le sujet s'y saisit-il ? Tchoang-tseu rêve qu'il est un papillon ; là il se saisit « à quelque racine de son identité » [10], il est capturé. Mais, s'il n'est pas fou, il peut à son réveil *s'interroger*, il a la possibilité de *se demander* pourquoi il a rêvé cela. En effet, il ne se croit pas ... il ne se prend pas pour ... un papillon. Mais, comment se révèle la certitude du sujet ? Certes, Tchoang-tseu aura, s'il y consent, à témoigner de ce qu'il était *représenté* par le papillon comme signifiant. Mais suffit-il qu'il rende compte de ce que fut en son histoire le papillon et ses couleurs exposées, pour que le sujet advienne à sa certitude ?

Pour y répondre, il faut opérer une *distinction* nette entre les formations de l'inconscient et celui-ci. « L'inconscient n'est pas le rêve », dit Freud. Partons du rêve rapporté par Freud à la fin de la *Traumdeutung*. Un père vient de voir mourir son fils, et il veille son corps étendu. Pris de sommeil il en confie la garde à un vieil homme, et il s'endort pour faire ce rêve : il voit son fils vivant lui faisant des reproches : *Père, ne vois-tu pas, je brûle ?*

D'où vient ce texte ? Il ne vient pas du bruit du cierge allumé qui est tombé sur le lit de l'enfant. Est-il la répétition d'une scène ancienne où l'enfant pris par le feu d'une fièvre sollicitait le père de la voix et du regard ? Oui certes, mais pas seulement. Il ne suffit pas de dire qu'en ce rêve une satisfaction est donnée au père de voir et d'entendre de nouveau son fils vivant.

Cette répétition d'un événement ancien d'une possible défaillance paternelle n'est que la mise en scène d'autre chose. L'inconscient est *un-bewusst* (une-bévue, traduit Lacan), de ce *un* se marquant par le trait de l'achoppement engendré par le

---

10. *Le séminaire, Livre XI*, Paris, Seuil, 1973, page 72.

texte même du rêve : le père *en tant que tel* ne voit pas, il n'est pas omnivoyant. Ce qui se répète, ce n'est pas quelque impuissance paternelle qui n'est que l'envers de la puissance, mais l'impossible qu'est la rencontre à jamais manquée entre le père (et non pas un père) et le fils : l'impossible qu'est le réel.

Structuralement, radicalement, aucun signifiant remémorable ne peut représenter l'être-père en tant que père. Chacun ne le représente que *pour* un autre signifiant, appelé certes *(Ne vois-tu pas ?)* mais à jamais absent, ne répondant pas, refoulé irréductible, *urverdrängt*, que Lacan note S^2 :

$$\frac{S^1}{s} \longrightarrow S^2$$

Or, c'est cette béance entre S^1 et S^2 - béance causale du sujet - qui *fonde* sa certitude. Il n'y a *pas* de savoir possible *du* sujet (prétention de la folie, comme de la psychologie) ; mais, ce pas-de la négation de la barre sur le sujet (que Lacan écrit $\cancel{S}$), est la certitude du sujet, après-coup, en tant que né de cette béance même.

Deux sub-positions

Ce tournant pris par Lacan à partir de 1964 avec la prise en compte du sujet de la science, comme étant le seul sujet qu'implique la *praxis* de la psychanalyse, a été rendu possible par ces deux frayages :

1. La *distinction* entre savoir et vérité. La vérité parle par les formations de l'inconscient, soit ce que Freud met sous la même accolade : symptôme, rêve, acte manqué, mot d'esprit. Mais ces productions ne sont pas l'inconscient. Celui-ci est un savoir, savoir insu, *sub-posé*, qui a *effet* de vérité là où elle parle. Quel effet ? Celui de la marque de l'effacement du sujet, l'index de son énigme, le trait inscrit de l'absence de S^2. Là est l'interprétation.

Ainsi, dans la séance analytique, elle est non pas traduction d'un langage en un autre, mais authentification de ce point de coupure, de ce trait de bord, par une *ponctuation* qui marque le texte : fin de séance... point ! Que la séance soit longue ou courte, là n'est pas la question !

2. A cette sub-position du savoir s'ajoute celle du *sujet*. Dans le travail du *soll Ich*, par lequel le sujet assume sa causalité, de quel sujet s'agit-il ? Non pas du sujet parlant supposé *par* un autre sujet parlant, mais du *cogito*, celui qui est l'effet du signifiant, en cela même qu'il le représente.

Tel est le sujet freudien, celui même du *cogito* cartésien, mais autrement fondé en sa certitude, en tant qu'il est représenté par un signifiant *pour* un autre signifiant à jamais absent.

Le pivot du transfert

Ces avancées sur le savoir inconscient et sur le sujet freudien permettent, par voie de conséquence, de préciser la définition du transfert comme métaphore de l'amour, en posant ce qui en est le ressort : la *sub-position* du sujet supposé savoir :

$$\frac{\text{supposé}}{\text{sujet ... savoir}}$$

Est-ce supposé par un sujet ? La supposition n'est pas celle - intersubjective - qu'un sujet (l'analysant) ferait en supposant un savoir à un autre sujet (l'analyste), définition psychologisante du sujet. Il n'y a de supposition que par un signifiant, de ceci : à la fois un *sujet*, et y attenant ce *savoir* textuel qu'est l'inconscient (une suite de signifiants). Notons la supposition ainsi, suivant l'algorithme de Lacan :

$$\frac{S \longrightarrow S_q}{s\ (S^1, S^2, \dots S^n)}$$

Or, selon la définition du sujet, S représente le sujet supposé (au) savoir *pour* un autre signifiant, un signifiant quelconque,

Sq. Il y a transfert, dès que ce signifiant quelconque a sa place marquée, inscrite *quelque* part (ce qui n'est pas n'importe où). Cette place marquée quelque part vient, dit Lacan « d'on ne sait zou » (15 avril 1980) ; elle se nomme certes diversement suivant les cultures et les époques. Mais, s'incarne-t-elle dans le psychanalyste ? La réponse, plus qu'antinomique, est de l'ordre du paradoxe. En effet, « le sujet supposé savoir n'est pas réel » [11] ; pour qu'il y ait analyse, il n'est nullement nécessaire que l'analysant revête l'analyste de cette investiture. Car il s'agit de la place marquée d'un constituant *ternaire* entre les deux partenaires. Que l'analyste s'y identifie (à tort) ou que l'analysant l'y identifie (à l'occasion, dans les moments de fermeture de l'inconscient) n'est pas le transfert proprement dit, et s'acharner à le définir ainsi est la cause d'infinies embrouilles.

Plus essentiel par contre est de voir ce que le désir-de-l'analyste opère à partir de ce constituant ternaire. Le désir-de-l'analyste se cerne selon ce double choix :

1. Ce que l'analyste sait déjà d'un savoir référentiel, *il choisit de l'ignorer*. En effet, ce savoir-là n'a rien à voir avec celui de la signification des signifiants de l'inconscient de tel nouvel analysant : S^1, S^2,...S^n. L'analyste est un *Laie*, comme dit Freud dans *Die Frage der Laienanalyse* en 1926. C'est dire qu'il ne s'appuie pas sur ses connaissances antérieures qui lui ont valu un label. Mais, par contre, il saura acquérir ce savoir de la langue dont elle fait litière dans le dire de l'analysant : savoir textuel. D'où ce second choix :

2. Ce que l'analyste ne sait pas du savoir textuel supposé, *il choisit de le savoir*. Le non-su volontaire du premier choix engendre la voie du second, soit le cadre de ce qu'il y a à savoir. L'audace de Freud est l'invention de la règle fondamentale : parlez ... il en sortira quelque chose. Quoi donc ? Un savoir littéral qui repose dans la langue qui le produit. Et de cela, de plus en plus, de par le processus analytique, l'analyste en saura un bout, s'il n'est ni un « clerc », ni un sot, mais un « laïc ».

_____

11. « Proposition du 9 octobre 1967 sur le psychanalyste de l'Ecole », dans *Scilicet* I, Paris, Seuil, 1968, page 20.

Ce double choix est celui du désir-de-l'analyste, comme Socrate l'éraste devant Alcibiade, et disant ne vouloir « rien savoir d'autre que ce qui concerne le désir » (*Le Banquet*, 177 d). Alors s'opère la métaphore selon le tableau *ci-dessous*, où il est à remarquer que ces lettres : *s.s.s.* se lisent d'abord ainsi : sujet supposé savoir, puis en fin d'analyse : savoir sans sujet, savoir textuel (s_1, s_2... s_n). En effet la résolution du transfert est le savoir littéral du *Wo es war, d'où* après-coup le sujet est advenu.

Ainsi au *che vuoi ?*, au : que veut l'Autre ? l'analysant cesse de demander la réponse ; il y a un manque en l'Autre : S ($\not{A}$). Mais devenu désirant à partir de ce manque il fait réponse lui-même par la constitution du fantasme, posé à la place du manque en l'Autre :

$$\not{S} \diamond a.$$

LE TRANSFERT

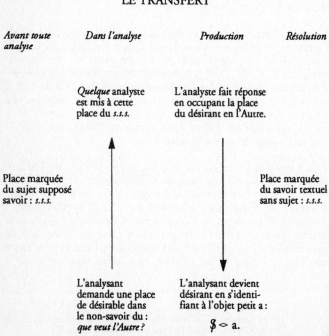

Avant toute analyse	Dans l'analyse	Production	Résolution
	Quelque analyste est mis à cette place du *s.s.s.*	L'analyste fait réponse en occupant la place du désirant en l'Autre.	
Place marquée du sujet supposé savoir : *s.s.s.*			Place marquée du savoir textuel sans sujet : *s.s.s.*
	L'analysant demande une place de désirable dans le non-savoir du : *que veut l'Autre ?*	L'analysant devient désirant en s'identifiant à l'objet petit a : $\not{S} \diamond a.$	

Or, ce qui a permis cette opération, c'est le transfert, c'est-à-dire un changement de lieu d'inscription et non sa liquidation. Mais le sujet supposé savoir, supposé d'où est conquis un savoir su, *où* était-il *avant* ? D'où nous vient ce quelque part de sa place ?

Finitude de la psychanalyse

Répondre à ces questions, c'est s'engager dans une recherche doctrinale d'ordre théologique sur l'origine fondatrice du savoir : un Dieu trompeur ou digne de foi, à ne pas croire ou à croire. C'est, pour répondre à la question : que me veut l'Autre ? exiger une garantie absolue de mon mal ou de mon bien. Sur ce point crucial, la psychanalyse a à trouver et retrouver sans cesse sa propre limite, sous peine de devenir elle-même théologique : « Notre affaire, écrivait Lacan, n'a rien de doctrinal. Nous n'avons à répondre d'aucune vérité dernière, spécialement ni pour ni contre aucune religion [12]. » La difficulté pour les psychanalystes de s'y tenir (antithéisme ou concordisme entre la Bible et l'inconscient) vient du primat donné en tout au symbolique.

La psychanalyse instaure sa finitude, non par le silence, mais selon sa pratique même, c'est-à-dire en répondant à cette question : à quoi ce savoir nous mène-t-il ? Où nous conduit-il ? C'est pour y répondre que Lacan a nommé ce « lieu » du nom d'une dimension : le *réel*. *Si* le savoir nous mène à un peu plus de réel que la réalité soutenue par le fantasme, *alors* on peut et on doit dire : le savoir inconscient à quoi nous avons affaire est un savoir *dans* le réel et nulle part ailleurs. La seule façon de situer la psychanalyse au regard de la science et non de la religion, est de poser par le symbolique la *limite* du symbolique : le réel.

Là est la vraie difficulté pratique et théorique, en tant que ce savoir inconscient est dysharmonique. Il est méchant. Dans mé-chant, il y a le préfixe mé-, l'adverbe mal. La mé-chéance, c'est tomber à côté. *Vergreifen*, dit Freud, méprise : un savoir nous est livré en tant qu'il n'est pas sous prise conceptuelle. Je

---

12. *Ecrits*, page 818.

veux ton bien que je conçois, je veux mon bien que je conçois, et ça rate ! Surprise de l'une-bévue, qui me réveille comme un coup de poing : sera-ce pour m'éveiller sur le désir de l'Autre, au delà ou en deçà de son bien et du mien ?

La première voie est de refuser ce savoir dysharmonique qu'est l'inconscient. Le *Vergreifen*, je ne l'admets pas. Lacan dira plus tard, le 11 juin 1974, à la fin du séminaire intitulé « Les non-dupes errent » : « Pour la première fois dans l'histoire, il vous est possible à vous, d'errer, c'est-à-dire de *refuser* d'aimer votre inconscient, puisqu'enfin vous *savez* ce que c'est : un savoir, un savoir emmerdant. » Une analyse interrompue - une tranche, comme on dit - n'est-ce pas cette volonté de refus, venant d'une horreur entr'aperçue ? Savoir emmerdant, parce que ce n'est pas un savoir de notre bien. Alors, plutôt se retirer sous sa tente... pour s'y suicider à long ou à petit feu.

La deuxième voie est d'être la dupe de son inconscient, l'aimer assez fort, jusqu'au seuil où cet amour-là conduit : « La vraie amour débouche sur la haine » dira Lacan [13]. *Hainamoration* de transfert, telle est la voie pour ne pas errer : parcourir de bout en bout ce chemin qui nous mène au-delà, au *réel*, soit ce qui fait *limite* à l'*hainamoration*, et qui dénoue l'attachement à notre destin. Telle est la bonne façon de se faire la dupe de ce savoir, qui en retour permet d'en rire, selon la structure du mot d'esprit.

C'est alors que se pose cette nouvelle question : comment se lie le *symbolique* comme lieu de la vérité qui parle, avec le *réel* comme lieu du savoir ?

13. *Le séminaire, Livre XX*, Paris, Seuil, 1975, page 133.

Chapitre deux

une opération littérale

« Faute d'orthographe : infraction à la fidélité en amour ou en mariage. »

Littré.

Le réel se constitue de l'impossible

Le savoir n'est pas sans effet de vérité. Quel effet sinon ceci : que la vérité, à *parler* et à ne faire que cela, nous mène sans fin par le bout du nez. Et donc : que la seule façon de faire avec elle est de *savoir* comment elle procède, de sorte que l'analyse en ce savoir trouve sa fin. « Je ne cherche pas, je trouve », disait Picasso ; de même, l'analysant.

Mais par quelle *voie* ? Pas de voie avec la vérité seule, qui ne fait que parler. La seule voie est celle de l'écrit, soit ce qu'il y a de *lettre* dans la parole. En effet, ce n'est que par la lettre que le rapport du symbolique au *réel* peut enfin être posé, et il se pose historiquement aujourd'hui avec la psychanalyse, en tant que le sujet de la science y est appelé.

Pour aller pas à pas, posons d'abord ce jalon : *l'institution du réel comme l'impossible* avec la naissance de la science au XVIIᵉ siècle, soit le pas franchi par Galilée et Descartes. Alexandre Koyré, en historien de la pensée scientifique, éclaire parfaitement ce franchissement. Par exemple, la notion de mouvement ou celle d'espace - principes de la mécanique moderne - présentait pour un contemporain de Galilée un paradoxe.

Qu'est-ce que le mouvement ? Pour ce contemporain, le mouvement est conçu à l'image de la *physis* de tout être vivant qui naît, se développe et meurt. Le mouvement, c'est la vie en son existence temporelle. Or, scandale, la science moderne avance ceci : que « être en mouvement ou être au repos ne fait pas de différence pour le corps en mouvement ou au repos, ne lui apporte aucun changement »[1].

Le mouvement est relatif. Plus encore, il est comme le repos un état : « Ils sont l'un et l'autre des *états persistants*. La célèbre première loi du mouvement, la loi d'inertie, nous enseigne qu'un corps laissé à lui-même persiste éternellement dans son état de mouvement ou de repos et que nous devons mettre en œuvre une force pour transformer un état de mouvement en état de repos, et *vice versa*[1]. » Oui, mais cette persistance sans fin n'appartient pas à tout mouvement, mais « au *seul* mouvement uniforme en ligne droite ». C'est là — autre scandale — qu'à ce contemporain aristotélicien, objectant n'avoir jamais rencontré un tel mouvement, « la physique moderne répond : bien sûr ! un mouvement rectiligne uniforme est absolument *impossible* et ne peut se produire que dans un vide ».

Et A. Koyré de conclure : « Il n'est pas étonnant que l'aristotélicien se soit senti étonné et égaré par ce stupéfiant effort pour *expliquer le réel par l'impossible* — ou, ce qui revient au même — pour expliquer l'être réel par l'être mathématique parce que, comme je l'ai déjà dit, ces corps qui se meuvent en lignes droites dans un espace vide infini ne sont pas des corps *réels* se déplaçant dans un espace *réel*, mais des corps *mathématiques* se déplaçant dans un espace *mathématique*. »

Or - et c'est le point décisif ! - il n'y a de corps et d'espaces mathématiques que de *lettres*. De même, c'est par la lettre que la psychanalyse avec le sujet de la science refait ce pas, mais cette fois non pas conquis sur la Nature, mais sur l'être parlant.

Une opération littérale

Prendre la psychanalyse pour un fait de parole est la condamner à être sans fin, sans cette fin qu'implique le *rapport du*

---

1. A. Koyré, *Etudes d'histoire de la pensée scientifique*, Paris, Gall., 1973, p. 185.

symbolique au réel par la lettre. En effet, bien qu'il n'y ait pas de métalangage qui fasse réponse, l'analyse n'est pas pour autant un processus indéfini, qui ne pourrait s'interrompre que par accident sans trouver son propre terme.

L'amour du savoir naît de la façon dont la vérité nous atteint. « Moi la vérité, je parle ! », disait Lacan [2], laissant parler la vérité comme tout un chacun en son dire d'être-parlant : malgré lui ! Discrète en sa lumière, tenace en son insistance, la vérité parle par les *formations* de l'inconscient. Et donc pas pour notre aise, mais plutôt à notre dé-confort, comme bévue, *mistake*, mé-prise. De là naît, mais pas nécessairement, peut naître l'amour du savoir : comment faire avec la vérité qui parle ainsi ? Question éminemment pratique, appelant un savoir-y-faire pour se débrouiller un peu moins mal avec elle.

Il y a deux façons de ne pas y répondre. Côté analyste, en prétendant dire le vrai *sur* le vrai qui parle ainsi ; toute collusion de sa part avec la vérité est refus du savoir. Côté analysant, en prenant les formations de l'inconscient pour un oracle ou une révélation divine ; s'en remettre ainsi au bon vouloir de l'Autre, c'est vouloir n'en rien savoir sur ce bon.

Que veut l'Autre ? Que *me* veut l'Autre… à parler ainsi ? Deux questions entremêlées ! Pour y répondre et ainsi les démêler, le discours analytique, ce lien déterminé par l'expérience d'une analyse, nous est un secours par la mise en acte du *savoir* inconscient.

Or, l'inconscient, disait Lacan, « nous rappelle qu'au versant du sens qui dans la parole nous fascine - moyennant quoi à cette parole l'être fait écran, cet être dont Parménide imagine la pensée -, nous rappelle qu'au versant du *sens*, je conclus, l'étude du langage oppose le versant du *signe* » [3]. De cette fascination du sens par la parole l'inconscient nous réveille par l'attention à ce qui, au-delà de la disjonction entre le verbal et le non-verbal, a structure de langage : versant du signe, à prendre comme *lettre*. En effet, ce que Freud nous a appris, c'est à *lire*

2. *Ecrits*, page 409.
3. J. Lacan, *Télévision*, Paris, Seuil, 1973, p. 19.

symptômes, rêves, actes manqués, mots d'esprit, « comme on déchiffre un message chiffré »[4].

Le signe n'est pas à lire dans son rapport à ce qui le précède ou le suit (versant du sens). Il est à déchiffrer comme venant à la place *(an Stelle)* d'un autre signe, qu'il rend ainsi saisissable *(vernehmenlich)* en vertu d'un procès de trans-fert *(Ubertragung)* ou transposition *(Ubersetzung)* : signe *pour* signe, lettre *pour* lettre. Tel est le travail de l'inconscient en ses formations, dont l'interprétation est l'opération à l'envers... pour un nouvel endroit.

Le pas de la négation

Imaginons un moulin à eau. Quel est le parcours de l'eau ? Elle arrive à flot du courant même, puis elle monte peu à peu dans les godets, dans ces petites auges de la roue. Et elle tombe enfin en gouttelettes sur le courant d'où elle venait. J'imaginarise ainsi l'aventure d'un *trait* premier revenant au point de départ, mais non sans être transformé grâce à cette montée dans les augets de la *parole*, avec pour effet et résultat une chute et ruissellement de petites *lettres*.

Il faut trois temps pour un retour au départ.

Et pour répondre à la question : ce trait premier, trace, marque, *litura*, comment le prendre ? Comme signe représentant une chose pour quelqu'un, ou non ? Son parcours permet d'y répondre ; mais en remplaçant cet appui intuitif du moulin à eau par un autre d'ordre linguistique. Ainsi Lacan fait accomplir au *pas* son parcours[5].

Premier temps :

Un tracé qui est trace d'un pas sur le sable. Est-ce l'image d'un pied, figure épousant la forme du pied ? Est-ce un trait non-figuratif, pur indice du passage d'un pied ?

---

4. *Loc. cit.*, page 20.
5. Séminaire du 24 janvier 1962.

Il suffit de ceci : inscription et vision d'un trait. La question est donc autre : est-ce à prendre comme *signe* d'une chose pour celui qui le voit en passant par là, ou non ?

Deuxième temps :

Moment de la *lecture à haute voix*, de prononciation de la syllabe : pas. J'oublie alors ce qui de ce tracé me représente l'objet pied, et ainsi j'élève par la vocalisation cette marque à un statut phonétique. Par là, cette syllabe peut se lier à d'autres : au - moins - une autre. Liaison d'un à un autre, grâce à la déliaison d'avec l'objet signifié. De la phonation naît l'équivoque du son et du sens : le *pa*-taquès. Il y a création de sens par homophonie : voie du rébus !

Troisième temps :

J'en récolte la chute et je retourne au tracé de la trace. Le son « pas » ne représente plus le pas de la trace de pas. Il transforme la trace d'un pas en *lettre* qui barre et exclut : pas-de-trace.

C'est le pas-de-la-négation ; il nie ce qui de la trace pourrait faire signe (conditionnel du possible) pour en faire une lettre qui efface et interdit (c'est pas-possible !).

Donc, trois temps : trace de pas, pataquès, pas-de-trace. Par le phonétisme de l'écriture, il y a transformation d'une *trace* en *tracé*, d'un *signe* en *lettre*.

Le retour fait réponse à la question posée au départ : est-ce un signe ou non ? Le pas du non vient barrer le signifiant du signifié. Il a fallu certes le deuxième temps du phonétisme comme *effet de sens*. Mais il y a un reste : par la négativation du signe apparaît la fonction de la lettre comme barre. Cet *effet de bord*, de pas-de-sens tombe de l'effet de sens (du pas *du* sens du deuxième temps) pour montrer ce qui du tracé est de l'ordre de la lettre.

En effet le pas *du* sens ne conduit pas à le-sens qui ferait rapport sexuel. Il y a ratage. Et alors ? Est-ce accidentel ou non ? Y a-t-il espoir ou non ? Allons-nous rester en suspens, en analyse in-définie ?

Eh non, justement ! Si le deuxième temps du phonétisme a été nécessaire pour décoller du signe qui révèle, il n'est pas suffisant ; car il n'épuise pas la fonction du tracé. En effet, par le troisième temps apparaît dans le tracé ce qui échappe à l'ordre de la parole. La lettre n'est pas pure et simple transcription du son[6]. Il y a un autre ordre, un supplément : ce qui de la lettre fait bord et littoral en s'inscrivant, et qui ne se lit pas : « Rature d'aucune trace qui soit d'avant, c'est ce qui fait terre du littoral. *Litura* pure, c'est le littéral[6bis]. »

Ou autrement : il y a manque dans l'ordre du *dire*, bévue et pataquès sans fin. Qu'en faire ? Est-ce impuissance, est-ce impossible ? Comment conclure enfin ? Ce manque-là *s'écrit* par la lettre, qui ainsi fait réponse : le réel comme impossible !

m.c.l.

Comment travaille l'inconscient ?

Voir la lettre à l'œuvre concrètement dans *une suite de rêves*, c'est tenter de répondre à la question de sa fonction de lettre : est-ce de désignation d'ensembles, ou d'opérateur de ceux-ci mêmes ?

Premier rêve : Je voyais dans une cage un lion regardant un serpent qui s'enfuyait entre les barreaux.

Le contenu manifeste du rêve a une telle évidence de sens, qu'il fait *énigme :* impossible d'associer !

Deuxième rêve : Je vois un caméléon mordre un serpent.

Surgit alors selon la loi d'*homophonie*, le prénom du père : Camille !

---

6. L'enfant l'apprend bien vite et s'interroge : pourquoi suis-je appelé Philippe et mon frère du nom de Pierre, si différent à mon oreille, alors que sous mon regard je les écris avec la même première lettre.
6bis. J. Lacan, « Lituraterre », dans *Littérature*, n° 3, oct. 1971, page 7. Puis dans la revue *Ornicar ?*, n° 41, 1987, p. 10.

1. Y a-t-il à la suite de *Jung* à racoler tout le bagage culturel des signifiés caractéristiques du dit caméléon, par exemple : celui qui se fait le reflet de son entourage ? Racolage à mettre sur le dos du père !

Non, la lettre est ce qui *du* signifiant le barre de tout signifié préétabli. Elle est ce qui du signifiant est d'ordre phonématique, en tant que chaque phonème n'est que pure différence d'avec un autre : c.a.m.é.l.é.o.n. D'où l'homophonie.

Mais la lettre n'est pas seulement ce qui est à entendre-en-lisant, mais ce qui trace-en-s'écrivant. Quoi donc ? Un bord au lieu de l'Autre, créant un trou en ce lieu même, pas-à-lire ! En effet, la transformation de « lion » en « caméléon » est à prendre comme inscription d'un nom propre - Camille - au lieu de l'Autre, inscription qui barre ce qui de ce nom commun - lion - *pourrait* se prêter à la métaphore signifiante.

$$\text{caméléon} \rightarrow \text{camille/lion}$$

Pas de négation sans marque. La lettre marque le signifiant lion, où elle efface ce qu'il en serait de la figure d'un sens ; le pas-de-sens est le pas accompli par le sens se faisant lettre : pas-du-sens.

2. Ceci n'est pas sans conséquence. C'est grâce à l'appui de cette coupure inscrite que le *fantasme* peut apparaître.

En effet, dans le premier rêve, le serpent fuyait d'entre les barreaux devant le lion. Dans le second, le mouvement *ternaire* de la pulsion s'accomplit : mordre, être mordu, *se faire mordre*. Il s'agit là de la possibilité de l'articulation du fantasme, inscrite là, ci-devant, sur l'écran posé à la place de ce lieu vide du désir de l'Autre interrogé : que *me* veut-il ?

Le fantasme fait réponse. L'objet petit *a* (que représente, sans l'être, le serpent objet mordu) se tient *entre* le sujet et l'Autre (sa gueule !) comme plaqué et amarré sur chacun des deux corps.

Mais ceci n'est possible *que* par l'opération de la barre sur le sujet : $\mathbf{\$}$. Or, celle-ci est celle de l'Autre. Elle le divise par la lettre c.a.m.é(i).l(l).e qui s'inscrivant au lieu de l'Autre, fait bord et par là effet de sujet, *ein neues Subjekt*, écrit Freud[7].

Dans ce vide créé par la coupure peut s'accomplir le troisième temps de la pulsion : un « se faire mordre », qui n'est ni engloutissement, ni fuite hors de la cage (comme dans le premier rêve). Cette inscription du « se faire mordre » une fois détachée de la demande pulsionnelle, devient la *voie* d'un plus-de-jouir, dont l'enjeu s'articule dans le fantasme, là où le désir trouve sa cause : ici, comme objet oral.

La coupure a *effet de sujet*. Elle permet un lieu, un espace où le sujet puisse se loger en se représentant comme *objet* du désir de l'Autre.

Certes, le serpent n'est pas à regarder en sa figuration visuelle évoquant une forme phallicisée. Il est objet oral. Est-il pour autant objet mammaire, maternel ? Non. Il représente le phallus ; plus exactement, il représente le sujet *pour*, au sens de *à la place de*, un autre signifiant, le phallus comme signifiant manquant en l'Autre. L'enjeu est là : être le phallus pour l'Autre. Encore fallait-il que cette place *vide* en l'Autre fût établie et donc inscrite. Elle l'est *par la lettre*.

3. Par quelle opération de la lettre, cette place s'est-elle inscrite ? J'y réponds ainsi : par la transformation de Camille en caméléon, par ce travail faisant passer un nom *propre* en nom *commun*. Autrement dit, par la *réouverture* d'un manque en l'Autre.

En effet, la condensation Camille/lion en caméléon réduit un nom propre du père à un signifiant *quelconque* (quoique déterminé), c'est-à-dire au statut de signifiant représentant le *sujet* pour un autre signifiant, à jamais manquant. D'où l'effet de vacillation : réouverture d'une béance en l'Autre. Tel est bien l'enjeu : s'il y a manque en l'Autre, je peux y chercher ma place, une place à repérer. Tout au contraire, avec le nom

7. Ce que Lacan commente ainsi : « Ce sujet, qui est proprement l'Autre, apparaît en tant que la pulsion a pu fermer son cours circulaire. C'est seulement avec son apparition au niveau de l'Autre que peut être réalisé ce qu'il en est de la fonction de la pulsion. » *Le séminaire, Livre XI*, Paris, Seuil, 1973, p. 162.

propre il y avait dénomination, acte fondateur qui *suture* le sujet dans la mesure où le nom propre est idéalisé : qu'un hérault le proclame, et voilà la Majuscule inscrite qui fait héraldique - cuirasse ou bouclier ! L'ébranlement du propre qu'opère l'inconscient fait fragmentation, morcellement et dissémination en lettres - et ainsi réduction en minuscules. Ce qui mène à cette assertion : il n'y a de lettre que minuscule.

N'est-ce pas cette opération que montre chaque analyse, selon ce qu'un jour a entendu Freud de la bouche de l'Homme aux loups, rêvant d'une *Wespe* et déchiffrant *espe* : « Mais espe, c'est moi, S.P. », les initiales de son nom [8].

Troisième rêve : « Je vois un homme avec un chalumeau. Le feu du chalumeau lui a brûlé les mains ; et il s'enlève la peau de la paume des mains, comme si c'était du papier. J'en ressens une intense douleur, mais lui, il ne ressentait rien. »

Souvenir d'enfance du rêveur : son père s'était coupé au pouce avec une scie, et l'enfant en souffrait fortement *avec* lui. Certes, ce chiffrage du rêve produit *du* sens, par métaphore. Le métier du sujet est « de faire du papier », d'écrire et de publier. Le père également, à sa manière. Travail de la main par le stylo. Il y a là un trait *commun*, trait unaire de l'idéal du moi : *litura*. Quel est le destin de cette marque ?

Dans ce rêve, cette marque du stylo est effacée et remplacée par le chalumeau qui *brûle*. S'il y a sens, par métaphore, le sens du sens demeure quant à lui énigme et interrogation : pourquoi la production de papier se fait-elle par le feu ? Qu'en est-il de la castration paternelle ? Question brûlante, posée dès l'origine, et dont l'épisode dans la réalité au cours de l'enfance a permis l'inscription venue de cette marque visible sur le pouce. Question posée sur le rapport paternité-filiation : comment *être de* ce Un-père sans ressentir la *même* brûlure comme effet de toute production de papier ?

---

8. Ainsi Lacan ponctuant l'arrêt (la rais) d'un séminaire, le 10 février 1976 : « Voilà où j'en suis arrivé à cette heure ! Vous devez en avoir votre claque, et même votre *jaclaque*, puisqu'aussi bien j'y ajouterai un *han* ! qui sera l'expression d'un soulagement que j'éprouve à avoir parcouru aujourd'hui ce chemin. Je réduis ainsi mon nom propre au nom le plus commun. »

Le *décisif* de ce chiffrage est à trouver ainsi : en sa cause opératrice *et* dans la réponse engendrée.

a) Que la séquence peau-paume-papier puisse renvoyer à pa-pa n'est pas décisif : il ne s'agirait alors que d'assonance. Ni même la coïncidence chalumeau-calamus comme outil producteur : juxtaposition à la fois figurative et littérale. Ce qui *opère* vraiment le chiffrage n'est lui-même que lettre : ici, ces trois consonnes du prénom du père - c.m.l. - présentes et agissant en *chalumeau*.

b) A partir de cet opérateur littéral, le décisif de ce chiffrage concerne l'*effet* obtenu. Celui-ci n'est pas seulement une production de sens, selon ce que j'ai montré plus haut (peau-papier). Cet effet est la réponse engendrée à la question posée dès l'enfance par le sujet sur la jouissance du père, et donc sur le réel de son corps. Le sujet y répond par ce chiffrage selon lequel la lettre fait bord, le littoral virant au littéral : « J'en ressens une intense douleur ; *mais lui*, il ne ressentait rien. »

A la fusion trop forte entre deux corps, éprouvée lors de l'épisode traumatisant de l'enfance qui fait référence et repère, le chiffrage oppose une démarcation et une *frontière :* moi, *mais pas* lui ! Que mon père soit épargné à mes dépens ! Le chiffrage *réalise* ce vœu par la barre du « pas lui ». Cette réalisation est désormais ce qui ordonne l'existence du sujet, là où il en est *à ce moment-ci*. Elle fait réponse par un savoir sur la jouissance de l'Autre : je sais que lui au moins ne souffre pas. Tel est l'effet de l'amour du père, plus exactement de l'amour de son pré-nom. En effet, l'amour ne fait pas un de deux ; il n'y a d'amour que de la lettre.

Cette séquence de trois rêves permet de répondre à la question posée sur le travail de l'inconscient. C'est celui même de la lettre, comme opérateur.

En effet, c.m.l. fonctionnent *à l'intérieur* même de cet ensemble : lion/caméléon/chalumeau. Ces lettres ne nomment pas les éléments, puisque A ≠ A. Mais elles les constituent comme ensemble, en étant elles-mêmes éléments de l'ensemble.

Lacan : « Les lettres *font* les assemblages, les lettres *sont*, et non

154

pas *désignent*, ces assemblages, elles sont prises comme fonctionnant comme ces assemblages même⁹. » Tel est l'inconscient : non pas structuré par un langage, mais *comme* un langage. Effet du signifiant, l'inconscient travaille en tant que lettre, comme les assemblages dans la théorie des ensembles.

Les noms propres au sujet

Avant d'aller plus loin, voyons le chemin parcouru. Avec la dualité du son et du sens le pas saussurien fut de donner le primat au signifiant dans l'effet de signifié, primat d'artifice, le signifiant n'étant constitué que du phonème : unité qui n'est que de différence d'avec une autre. Telle est la langue parlée.

A partir de là, Lacan de 1953 à 1957, du séminaire sur « La lettre volée » d'E. Poe à « L'instance de la lettre dans l'inconscient », met en évidence l'incidence du signifiant sur le signifié : il opère indépendamment d'un lien préétabli au signifié, mais en raison de sa *place* dans la suite des signifiants. Or, dans ce flux qu'est-ce qui *localise* une place sinon ce qu'il y a de lettre dans le signifiant ? La lettre est la structure essentiellement localisée du signifiant. C'est le principe généralisé du rébus. Ainsi s'engendre un *effet de sens* : soit en plus par la *Verdichtung* de la métaphore, soit en moins par la *Verschiebung* de la métonymie.

Mais, ce premier pas laisse en suspens deux questions : qu'en est-il du sujet ? Qu'en est-il de la lettre en tant qu'« il y a un monde entre le mot et la lettre »¹⁰ ? Deux questions liées qui vont trouver leur réponse en passant de la première à la deuxième topique freudienne, c'est-à-dire en analysant le processus d'identification, celle que Freud désigne comme seconde : identification au trait unaire, traduit Lacan. Et donc : identification « partielle, extrêmement limitée, et n'empruntant qu'*un seul trait (einen einzigen Zug)* »¹¹.

---

9. *Le séminaire, Livre XX*, Paris, Seuil, 1975, p. 46.
10. Lacan à Yale University. Cf. *Scilicet* 6/7, Paris, Seuil, 1976, p. 31.
11. Chap. 7 de *Psychologie des groupes et analyse du moi* (1921) : « eine partielle, höchst beschränkte ist, nur einen *einzigen* Zug ».

C'est la constellation de ces traits qui constitue pour le sujet l'idéal du moi. Comment le sujet peut-il trouver sa place, étant donné qu'il n'est que représenté par un signifiant pour un autre signifiant à jamais absent au champ de l'Autre ? Comment reconnaître ce vide sinon par les *marques* de réponse parentale ? En effet, « le dit premier décrète, légifère, aphorise, est oracle, il confère à l'autre réel son obscure autorité » [12].

Ainsi, ces marques et insignes d'autorité et de puissance viennent *combler* le vide originel laissé par le signifiant manquant. Et le sujet s'y *identifie*. Leur trait aliène le sujet pour la formation de l'idéal du moi, soit un pouvoir-être possible, tout en puissance de... *Ein einziger Zug* : tel est le nom propre, propre au sujet... en l'Autre. *Plus que* tout autre nom, le nom propre comme trait unaire va nous montrer ce qu'il en est de la lettre, non en son versant de sens, mais en celui de signe et d'insigne.

L'hypothèse de Lacan

1. Qu'est-ce qu'un nom propre ? [13] Lacan écarte la réponse de Russell : *word for particular*. Ce serait réduire le nom propre au démonstratif : « ceci », « celui-ci », « celle-ci », qui désigne un objet particulier. Donner un nom propre, c'est autre chose que désigner simplement un objet en sa particularité. Lorsque je désigne cette chatte Pitchounette ou cette maison le Pas-du-Loup, je ne remplace pas « celle-ci » par un nom propre, ou inversement. En effet, il y a en ce dernier de l'irremplaçable. Nous verrons comment.

L'égyptologue Gardiner nous oriente ailleurs : en fin psychologue, il remarque que quand on prononce un nom propre, on n'est pas seulement sensible au signifié comme pour le nom commun, mais aux sons en tant que distinctifs. Le matériel sonore n'est pas, pourrait-on dire, oublié, réduit au rang de pur moyen instrumental en vue du sens ; il reste présent à l'attention des interlocuteurs en sa consistance de modulation

---

12. *Écrits*, page 808.
13. Séminaire du 20 décembre 1961, du 10, 17 et 24 janvier 1962.

différenciée. Ainsi, Proust sensible à la syllabe lourde du nom de Parme écrivait :

> « Le nom de Parme, une des villes où je désirais le plus aller depuis que j'avais lu "La chartreuse", m'apparaissant compact, lisse, mauve et doux, si on me parlait d'une maison quelconque de Parme dans laquelle je serais reçu, on me causait le plaisir de penser que j'habiterais une demeure lisse, compacte, mauve et douce, qui n'avait de rapport avec les demeures d'aucune ville d'Italie, puisque je l'imaginais seulement à l'aide de cette syllabe lourde du nom de Parme, où ne circule aucun air, et de tout ce que je lui avais fait absorber de douceur stendhalienne et du reflet des violettes [14]. »

Or, ceci est insuffisant : cet appel à l'attention du sujet psychologique nous fait rater ce qu'il en est du sujet inconscient *proprement* dit, c'est le cas de le dire. Sur ce point, Lacan reprenant ces énoncés sur l'instance de la lettre dans l'inconscient, franchit un nouveau pas et avance ceci : il y a nom propre là où un lien s'est établi entre une émission vocale et quelque chose de l'ordre de la lettre, quand une affinité s'est instaurée entre telle dénomination et une marque inscrite prise comme objet. Cette affinité se reconnaît en ce que le nom propre en tant que tel, ne se traduit pas de langue en langue ; en raison de son amarre littérale il résiste à la traduction, de sorte qu'il se transfère et voyage tel quel. Les mots « bâton rouge » perdent leurs lettres en leur traduction anglaise, mais le nom de la capitale de la Louisiane les garde : Baton Rouge. Malgré de légères modifications phonématiques, les noms de Parme, de Lacan, se disent tels en toutes langues et se reconnaissent en elles. Ce qui fait nom propre, c'est la liaison non au son, mais à l'écriture.

2. Mais alors la question se pose : qu'est-ce donc qu'une *lettre* ?

Sur ce point, il est intéressant de voir les opinions des experts : comment les historiens des vieilles civilisations voient-ils la naissance de l'écriture ? Qu'il s'agisse de la Mésopotamie, de l'Egypte ou de la Chine, ils rencontrent des données similaires, mais divergent sur la question : où placer l'écriture ? Et donc, à

---

14. Ed. La Pléiade, tome 1, page 388.

partir de quel critère peut-on dire que telle graphie est une lettre ?

La réponse dépend de la façon dont on considère l'écriture et la lecture. Pour les uns, il y a évolution historique selon laquelle l'écriture se forme lentement pour n'arriver à sa perfection et maturité qu'avec l'écriture phonétique. Pour d'autres, tout au contraire, il n'y a pas de progrès ; l'écriture est déjà là avant sa fonction de transcription d'une langue. Ainsi, Léon Vandermeersch peut écrire à propos de la Chine : « Il n'y a pas de différence fondamentale entre le symbolisme pictographique et le symbolisme que j'appellerais phonéticographique, du point de vue de la nature de l'écriture [15]. »

La conjecture de Lacan est une prise de position à l'écart des uns et des autres, pour mettre en évidence ce qu'est le nom propre. Elle consiste à se déprendre de l'idée *évolutive*, selon laquelle la graphie serait d'abord figure imitative de l'objet, puis par abstraction et stylisation deviendrait pur signe d'objet (idéogramme), pour enfin accéder un jour au plein statut de lettre comme support phonétique dans l'écriture alphabétique. S'en déprendre consiste à saisir la lettre en son origine radicale, et par là à ce qui en elle échappe au changement. Pour cela, deux négations s'imposent à propos du schème évolutif :

a) Tout d'abord, au point d'arrivée : la lettre n'est pas pure *notation du phonème*. Elle ne naît pas toute neuve en tant que servant à la transcription de la langue ; mais elle se trouvait *déjà là* en sa matérialité. Ce n'est que dans un deuxième temps qu'elle sert à transcrire la langue par un renversement fonctionnel. Ainsi, en Chine, comme l'écrit Léon Vandermeersch : « L'un des premiers moyens d'étendre le lexique a été, pour noter un mot, d'emprunter la graphie d'un homophone. Par exemple, la graphie de la main droite (Ϡ), prononcée *you*, ou la graphie du sacrifice en général (Ψ) prononcée également *you*, ont été *utilisées* pour noter le verbe « avoir », prononcé lui aussi *you* [16]. » De même, en Mésopotamie, Jean Bottéro remarque : « L'homophonie, courante dans la langue sumérienne, a dû donner l'idée d'*utiliser* un

---

15. « Ecriture et langue écrite », dans *Ecritures*, Le Sycomore, 1982, page 266.
16. *Loc. cit.*, page 265.

pictogramme pour désigner, non pas l'*objet* qu'il représentait, directement ou non, mais un autre objet dont le *nom* était phonétiquement identique, ou voisin. » Et il ajoute : « Utiliser le pictogramme de la flèche *(ti)* pour désigner autre chose qui se disait également *ti* : "la vie", c'était bel et bien *couper* la relation première de ce signe à un *objet* (la flèche), pour l'arrêter à un *phonème (ti)*, c'est-à-dire quelque chose, non du domaine de la réalité extramentale, mais de la seule langue parlée, et quelque chose de plus universel [17]. »

De là, cette première négation : la lettre ne vient pas du phonème ; son existence matérielle ne dépend pas de sa fonction de notation phonématique.

b) *Deuxième coupure :* si nous regardons vers le départ, nous rencontrons cette question : d'où vient donc ce matériel littéral, pour ainsi dire en attente ?

Il n'est pas stylisation d'un dessin, abstraction d'une figure concrète à l'origine. Il en est la négation par l'inscription du *trait*. Celui-ci n'est pas le rappel à la mémoire de la figure de l'objet, mais son effacement par le un qui marque l'unicité de l'objet. Le trait unaire détruit et nie tout ce que l'objet a de vivant à nos sens, pour n'en retenir que son unicité.

Telle est l'hypothèse de Lacan : l'écriture naît avec la *négation* ; elle rejoint et précise la définition de Freud : « identification partielle qui se limite à un seul trait ». Ainsi Magritte voulant nommer ce qu'il en est du tracé d'une pipe sur une surface, écrivait : « Ceci n'est pas une pipe. »

c) Concluons : la lettre ne naît pas de sa fonction de support phonétique ; elle n'est pas non plus figuration de l'objet, mais elle est marque distinctive. Ainsi, isolement du trait, la lettre ne se définit pas par sa prononciation, son articulation phonique et son lien au son.

Mais, en revanche, elle est *nommée* en tant que telle, comme tout autre *objet*. La lecture des signes est radicalement ceci : le

---

17. « De l'aide-mémoire à l'écriture », dans *Écritures*, Le Sycomore, 1982, pages 27-8.

trait nommé de son nom. Ainsi, la lettre tracée de cette façon :
α, est *lue* « alpha », indépendamment de sa valeur de
transcription d'après laquelle elle se prononce selon le son « a ».
L'enfant français apprend que la lettre écrite « g » se prononce
différemment dans les mots girafe et guenon ; plus encore, il
apprend qu'elle se dénomme « gé », mais qu'on ne prononce
pas « gé-irafe ». La dénomination de la lettre n'est pas sa
prononciation ; c, q, k se vocalisent de même et se dénomment
autrement. En fonction de quoi ? de leur *tracé*.

Or, ceci est tout à fait saisissable historiquement. N'est-ce pas
ce que nous montre la paléographie ?

Bâtonnets sur les murs des cavernes des Magdaléniens du
Portugal à la Bavière [18], encoches de chasseurs sur l'ivoire ou
l'os de cerf, entailles sur le bâton, quipus du Pérou pré-
colombien, tracés divinatoires sur le dos fissuré des tortues en
Chine du deuxième millénaire, inscriptions peintes sur les
galets du Mas d'Azil (9 000 ans avant J.-C.), marques sur les
poteries pré-dynastiques de l'Egypte ou du néolithique
chinois : chaque fois le trait désigne le rapport du langage au
réel. Le sujet lit *déjà* un tracé en le dénommant, avant qu'il ne
serve plus tard à transcrire la langue parlée. Que lit-il ? Non pas
le trait de l'exemplaire unique, mais le un comptable, le un
distinct d'un autre un.

3. Or, le nom propre nous montre cela clairement, en tant que
plus que tout autre nom, il est lié à ce que, avant toute
phonématisation, le langage recèle de lettre comme trait
distinctif. Il le montre par sa liaison à la marque, de sorte que
loin de se traduire il se transfère tel quel.

Or, ce trait distinctif qu'est le nom propre en sa lettre, quel *lien*
a-t-il avec ce que Freud désigne comme *einziger Zug*, comme
trait de l'idéal du moi : ce en quoi le sujet s'identifie au point où
il se voit comme étant vu en l'Autre, lieu des signifiants, vu
aimable, aimé et ainsi... narcissiquement aimant en tant
qu'aimé ? Pour y répondre, il est nécessaire de s'interroger sur
ce qu'il en est du sujet dans son rapport au nom.

---

18. Cf. Maxime Gorce, *Les pré-écritures et l'évolution des civilisations*, Klincksieck, Paris, 1974.

Ecoutons ce que nous dit une petite fille, dont Moustapha Safouan, dans *L'inconscient et son scribe*, nous rapporte le dessin et la parole :

> « Une fillette de six ans avait dessiné une reine dont elle avait divisé la robe en cases, mettant dans chaque case le nom d'un objet qu'elle appréciait : bonbons, sucre, bagues, etc., et elle n'avait pas oublié d'écrire en sus "Moi". Comme on lui demandait si elle était la reine, elle répondit, manifestement énervée par cette question : "Mais non, tu es bête, les reines sont comme çà, elles ont de drôles de noms." [19] »

Nous reconnaissons là en ces cases le trait distinctif de la lettre comme « structure essentiellement *localisée* du signifiant » (Lacan). Plus encore, ces cases en soi vides de sens sont ensuite dénommées par des noms (bonbon, sucre, bague) qui ne renvoient pas à leur signifié officiel, mais à ce qui est « apprécié » : noms propres, traits de l'idéal du moi représenté par la reine. Pour qu'on n'en doute pas, la fillette a écrit en sus : « Moi ». Mais le décisif est la position de la fille en l'Autre. Etant bêtement interrogée si elle *est* la reine, elle répond : « Mais non, tu es bête... »

La vérité parle par la bouche des enfants, sans qu'ils le sachent. Le sujet de l'énonciation n'est pas le moi et son idéal. En effet, à mesure que le sujet parle, il y a élision du nom *du* sujet de l'inconscient, signifiant originel, à jamais *urverdrängt*. Par contre, le sujet est représenté dans le langage qui est *déjà là*, dans le *préconscient*, au-dehors, visible dans le réel. Là et déjà là est le nom propre, et nous avons à le *lire* au niveau du « Moi », écrit la fillette, comme ce qui dans le langage est de l'ordre de ce signe qu'est la lettre. Et ceci, pour... à la place du nom à jamais absent et élidé du sujet de l'inconscient : sujet sans cesse exclu et rejeté de la chaîne signifiante. D'où la négation : « Mais non, tu es bête... » dit-elle !

En effet, dans les noms propres de l'idéal du moi, là où le sujet se voit étant vu par l'Autre comme aimable, le sujet est désirable mais non *désirant*. Comment donc le désir peut-il

---

19. Paris, Seuil, page 35.

naître sinon de cette place vide (par exemple d'une case vide sur la robe de la reine !), manque qu'est le sujet en tant que le nom propre de l'idéal *peut* manquer ?

N'est-ce pas ce qu'opèrent les formations de l'inconscient ? Faire rater le nom propre. En effet, l'enjeu de l'analyse n'est pas dans la ligne de l'idéal (consolider le nom), mais ailleurs, du côté du désir et de sa place vide, là où se loge sa cause. C'est ce que nous allons voir maintenant, en décrivant les avatars du nom propre avec l'inconscient et ses formations : l'oubli du nom d'abord, le rêve ensuite.

L'oubli du nom

Le rapport entre l'inconscient et le nom propre s'établit selon le processus suivant : 1) l'*unbewusst* freudien, l'une-bévue, loin de conforter l'idéal du moi, y introduit une faille. 2) Dans la mesure où le nom propre a fonction de trait de l'idéal, il tente d'y parer en suturant cette faille. 3) Mais les formations de l'inconscient font échouer la suture, non purement et simplement, mais en fragmentant les lettres du nom propre pour instituer un trou spécifique. De quelle manière ?

Commençons par cette bévue qu'est l'oubli du nom propre [19bis]. Freud en voyage avec Freyhau, homme de loi à Berlin, lui parle des fresques d'Orvieto sur le Jugement Dernier, et voilà que le nom du peintre Signorelli lui échappe... mais pas d'un oubli pur et simple ! En effet, l'inconscient engendre une formation de *substitution*, « tout à fait à la manière d'un symptôme », écrit Freud à Fliess à propos de l'oubli de nom [20]. Ce sont des *Ersatznamen* : Boticelli, Boltraffio... qui viennent autour de la place vide et la spécifient.

Ces noms de substitution ne la bouchent pas. En effet, Freud *sait* sans hésiter que ce n'est pas le nom qu'il cherche, sans avoir à le demander à son compagnon. Il sait que ne pas - ce qui n'est pas rien. Etrange substitution, qui ne substitue pas vraiment,

---

19bis. *Psychopathologie de la vie quotidienne*, ch. I.
20. *Naissance de la psychanalyse*, Paris, P.U.F., 1969, Lettre 94.

puisque les *Ersatznamen* sont tour à tour écartés. Autrement dit : si la formule de la métaphore, c'est un mot pour un autre, ici il y a substitution non métaphorique, métaphore manquée.

Nous saisissons dans ce cas précis de Freud ce qui fait limite à la métaphore : le nom propre, *en tant que* lié ici à l'idéal du moi. Dans cette mesure même, il ne se métaphorise pas, il est de granit, nom irréductible, irremplaçable par un autre. Et cependant, selon ce que nous avons avancé plus haut, le nom propre ne se traduit pas ; il se transfère de lieu en lieu de par son lien non coupable avec la lettre. Bref, il voyage comme Freud avec Freyhau : un trans-port ! un trans-fert !

Voyons de quel lieu il s'agit ici, suivant le témoignage même de Freud analysant.

Premier lieu

Ecrivant après coup, Freud reconstruit le processus temporel de « suite de pensées » (*Gedankenreihe*). Il est en Herzégovine ; ce nom lui rappelle le récit d'un confrère sur les mœurs des habitants ; ils ont confiance dans le médecin ; ainsi, le proche d'un malade incurable peut dire au médecin : « Seigneur (*Herr*), n'en parlons pas. Je sais que s'il était possible de sauver le malade, tu le sauverais. »

Freud parle, se laisse aller ; mais la suite des pensées l'amène à une autre histoire du même confrère sur les mêmes habitants, à propos des troubles sexuels : « Tu sais bien, Seigneur (*Herr*), que lorsque *cela* ne va plus, la vie ne vaut plus la peine d'être vécue. » Ici Freud cale, il se tait. En effet, cette histoire se lie et s'enchaîne étroitement à une « suite » le concernant directement : il avait appris par courrier à Trafoï « qu'un malade, qui lui avait donné beaucoup de mal, s'était suicidé, parce qu'il souffrait d'un trouble sexuel incurable ». Ainsi, Freud interrompt sa communication ; il porte son attention ailleurs, en déviant sur une autre « suite » : les fresques d'Orvieto. Que s'est-il donc passé ?

Freud a été atteint dans sa statue et sa stature de médecin sachant et pouvant : un manque a surgi concernant son moi-idéal, son image de médecin devant la maladie, le sexe, la mort. Dans ces moments-là, disons « normalement », tel trait

163

de l'idéal du moi vient suturer ce manque. Mais, cette fois, il y a eu trouble de l'identification ; et Freud, perdant pour ainsi dire sa signature ne peut parler. Heureuse faille, qui indique la place de son *désir* en ce point même où il *ne* peut *pas* se voir à partir de l'Autre comme aimable et estimable en sa dignité médicale, parce que là il *n*'y a *pas* de nom.

Deuxième lieu

Mais ce qui n'est pas venu au jour du symbolique, ce qui est passé en-dessous *(unterdrückt)* réapparaît ailleurs, non dans le réel, mais en un autre lieu de la chaîne signifiante et de la suite des pensées. Déplacement, *Verschiebung*, écrit Freud. De quoi ? Il ne sait pas encore, mais il le saura plus tard. Il s'agit de son propre nom de *Sigmund* : ce nom voyage et va s'enlacer à un autre nom : le nom de celui qui par un autre art que l'art médical tente de maîtriser la mort en des fresques sur les fins dernières, où s'exalte la beauté du corps humain. N'est-ce pas là où le médecin échoue, que l'artiste triomphe par la fonction du beau ?

Signorelli ! Le nom qui tout à l'heure a échoué à suturer, se déplace et s'enlace à Signorelli pour s'y appuyer et tenter la suture. Mais c'est l'*oubli* ! En s'y appuyant, il l'entraîne avec lui dans l'*Unterdrückung*, et laisse émerger un trou. Trou spécifique, cerné, dessiné par les mots qui remontent à sa place : Botticelli, Boltraffio...

Cet acte manqué est un acte réussi ; car c'est en ce point de perte de son identification, de non-repère et de scotome de l'œil d'où Freud se voit en l'Autre comme *Herr* et Maître de la vie, que se trouve la place de son désir. Là est le vrai de son identification de sujet, en ce point où au-dehors, en l'Autre, il n'y a rien : le nom est perdu. Ainsi, l'oubli de Signorelli ramène Freud à son désir, par la butée sur la limite du narcissisme de l'amour, pour autant qu'aimer et être aimé s'équivalent.

Or, ce déplacement, ce trans-fert s'est fait, écrit Freud, grâce à une association externe *(eine äusserliche Assoziation)*, à entendre comme une identité littérale. Ce postulat exige que, contrairement à la conclusion de Freud, il ne s'agit pas de la suite : *Herr Signor Signorelli*, qui supposerait une traduction de l'allemand en italien, mais de celle-ci : *Sig/mund Sig/norelli* [21].

Ainsi, en un premier lieu, le prénom Sigmund a sombré pour s'enlacer en un deuxième lieu de la chaîne signifiante à Signorelli et l'entraîner dans sa chute. Les trois lettres *S-i-g* de sa signature sont tombées, mais non pas sans que *-norelli* ne ressurgisse dans le *O* et le *elli* de Botticelli, Boltraffio. Les trois lettres volées restent en souffrance dans leur fonction volante : acte réussi. L'inconscient a ouvert une voie. A charge maintenant pour Freud de faire tomber *autrement* le *Sig* de sa signature à la poubelle en « poubliant » son livre *Zur Psychopathologie des Alltagslebens*.

Or, qu'écrit-il ? Que la *Verschiebung*, le déplacement, par lequel il y eut *Namenverbindung* (enlacement de Sigmund à Signorelli) s'opère « sans aucun égard pour le sens et la délimitation acoustique des syllabes » (*ohne Rücksicht auf den Sinn und auf die akustische Abgrenzung der Silben zu nehmen*). En effet, ni le sens du mot, ni son lien à l'émission vocale ne sont décisifs. C'est la matérialité de la lettre qui est déterminante. Freud y insiste : « Dans ce processus, les noms ont été traités de la même façon que l'écrit figuratif d'une phrase (*die Schriftbilder* [22] *eines Satzes*) qui doit être transformée en rébus (*Bilderrätsel*). »

Cette clarté insistante nous permet de conclure que le nom propre au sujet, à prendre comme trait unaire (non réductible au patronyme, bien sûr !) et point privilégié de la chaîne signifiante, se spécifie de sa liaison étroite à la matérialité de la lettre.

Le rêve

Mais si l'oubli de nom n'est pas sans substitution de faux souvenirs que sont les *Ersatznamen*, qu'en est-il de cette autre

---

21. J. Lacan : séminaire du 6 janvier 1965.
22. En typographie, *Schriftbilder* c'est l'œil : « partie du caractère comprenant le dessin de la lettre formant relief et qui s'imprime sur le papier » (Robert). C'est l'en-forme de la lettre.

formation de l'inconscient qu'est le rêve, dans son rapport au nom propre ?

Tout à l'heure, l'exemple de Freud sur l'oubli de nom nous indiquait en l'Autre la place de son désir ; mais, il ne nous disait rien de ce qu'il en était : Freud avait coupé et censuré son dire. Le rêve, lui, va plus loin. Il nous faut certes, là encore, distinguer deux temps, deux lieux de la chaîne ; et cependant, à la différence de l'oubli de nom, ces deux lieux n'engendrent qu'un seul trou. Nous allons voir comment.

Dans un premier temps, apparaît l'élision d'une lettre dans le nom propre, une circoncision littérale. Dans le nom propre s'ouvre une faille qui fait échouer sa fonction de suture en tant qu'il fait trait de l'idéal. Cette faille est la condition du second temps, où au lieu même où la lettre a chu, se trace un bord, qui ordonne la place de la cause du désir. En effet, dans la construction d'un second rêve, une demande s'articule en termes pulsionnels. Prenons cette suite de deux rêves.

« Je suis dans ma ville natale. Je vois sur la vitrine d'un local délabré de grandes lettres inscrites : N E L L Y. » Association du rêveur : ce local en cette rue était le lieu de loisirs, où le sujet lors de ses quinze ans fit la rencontre décisive d'un éducateur mis en position de un-père. Le nom de celui-ci était Lyonnet, dont quatre lettres (nelly) font partie elles-mêmes du patronyme du rêveur. Ainsi, ce patronyme de par sa fonction volante de nom propre a pu par fragmentation se lier au premier. Mais qu'ajoute donc le rêve ?

La vitrine fait miroir, là où l'image du corps s'inverse, la gauche étant vue à droite et la droite à gauche ; à l'envers de l'un correspond l'endroit de l'autre, et inversement :

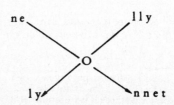

La lettre O est tombée en ce point aveugle de toute image du corps propre. En effet, de là d'où je me vois comme étant vu (de I d'où apparaît i[a]), il y a un trou : je ne me vois pas d'où tu me regardes. Dans le texte du rêve le délabrement de ce lieu ne fait-il pas signe de ce deuil à accomplir ?

Tel est le premier temps : inscription de la lettre O en tant que chue. Mais elle n'est pas lue.

Deuxième rêve : « J'ai à la main un verre à moitié vide et je demande de l'eau à un homme âgé, plus âgé que moi. »

L'inscription NELLY comme bord dessinant l'absence de la lettre O a rendu possible la naissance d'une demande adressée à un-père. Demande de quoi ? Non plus d'être cette lettre qui manque à l'Autre, mais d'avoir ce qui à *dénommer* la lettre O se dit par homophonie : *eau*. En un moment de vacillement des repères quant à ce qu'est la puissance phallique (eau-liquide spermatique), le sujet demande une transmission de père à fils. Le voilà en marche par sa demande même, en attendant qu'il découvre plus tard ce qu'est un père castré et désirant ; en effet, en ce qui concerne la puissance phallique il n'y a pas de « plein » : un verre « à moitié vide » ne vaut-il pas un verre à moitié plein ?

Mais c'est encore trop peu dire : il aura à découvrir qu'il n'y a pas de moitié-moitié, mais de tout ou rien. En effet, ce que Freud désigne de la castration, c'est que si le phallus se transmet de père en fils, ce n'est pas en vertu de l'activité de l'un et de la réceptivité de l'autre, comme d'un trans-fert par trans-vasement. Mais cette transmission même suppose une annulation préalable du phallus du père, pour que le fils puisse un jour le porter.

La lettre dénommée

Deux temps et deux trous dans la chaîne signifiante avec l'*oubli* de nom (Signorelli). Deux temps, mais un seul trou avec le *rêve* : du non-sens de la lettre chue (O) surgit la signification phallique de ce qui manque. Là où l'oubli de nom échoue, le rêve (ou le mot d'esprit) réussit. En effet, la lettre est d'abord inscrite en tant que manquante à sa place (O), puis en ce même lieu elle est lue : « eau ».

Telle est la lecture des signes : une dénomination. Ceci en tant que lire c'est déchiffrer, c'est-à-dire faire virer le tracé de la *litura* en *littera* nommée. En effet, dénommer, comme nous l'avons vu, ce n'est pas prononcer ou phonétiser. Prenons un exemple pour en saisir la différence.

Un pianiste se risque un jour à cesser de se contenter de jouer les œuvres des grands musiciens. Il devient compositeur : des thèmes le possèdent « dans sa tête ». Mais comment transcrire leurs sons sur une partition de notes ? Là, il y a inhibition : pas moyen pour lui de « s'entendre dans sa tête ! » Il lui faut la « béquille » du clavier pour pouvoir transcrire. Le pas que son analyse lui permettra de franchir sera d'écrire à la table et non au piano en « s'entendant » autrement grâce au pouvoir de *dénommer* les sons en une notation écrite directement, sans le piano.

Cet exemple n'est pas une comparaison. Il concerne le réel même en tant que fait du nombre. Or, celui-ci n'existe que dénommé par le chiffre. Il n'y a de lecture que de déchiffrage du chiffré : travail de l'inconscient et de son savoir textuel.

Le nom est une marque : le nom lui-même, que nous avons qualifié d'adjectifs et chargé d'attributs comme signes de quelque chose pour quelqu'un, voici que nous l'élevons au statut de trait et de nom propre en sa pure dénomination symbolique. Par exemple, la profération de « ma mère est ma mère ! » n'est pas une tautologie, mais la désignation de ce nom de mère en tant que tel, soit ceci : « Cette insupportable dévote et cette infâme bourgeoise grâce à laquelle j'ai appris qu'on ne va à la vérité que par la tromperie du langage, est pourtant exactement *la même* qui est portée en ses lettres sur l'état-civil comme étant par les liens symboliques du mariage la femme de mon père, en tant que justement c'est de ma naissance qu'il s'agit dans l'acte en question. » Ainsi, « ma mère est ma mère » est une dénomination de la lettre et non une tautologie [22bis].

[22bis]. C'est en ce sens que Lacan disait : « Le signifiant avec lequel on désigne le même signifiant, ça n'est évidemment pas le même signifiant que celui par lequel on désigne l'autre, ça saute aux yeux. Le mot *obsolète* en tant qu'il peut signifier que le mot *obsolète* est lui-même un mot *obsolète* n'est pas le même mot *obsolète* d'un côté et de l'autre. » *Le séminaire, Livre XI*, Paris, Seuil, 1973, p. 191.

Or, ceci est au principe même de ce que nous avons découvert :
1. Les noms propres au sujet ne se *traduisent* pas. Ce serait faire appel au signifié ; si certains noms comme Boulanger, Meunier, etc. ne l'excluent pas, ce n'est pas là ce qui spécifie le nom propre comme tel. A les traduire en une autre langue qui dirait pourquoi votre fille est muette, vous la rendez à jamais muette.

2) Les noms propres sont *irremplaçables*, dans la mesure même où ils font traits unaires de l'idéal. Alors ils ne se métaphorisent pas.

3) Par contre, ils se *transfèrent*. Pour cela, ils se fragmentent en éléments littéraux, pour que telle lettre maintienne son inscription en se trans-férant sur un autre nom, opération que Lacan formule ainsi : les lettres ne désignent pas les assemblages, « les lettres *font* les assemblages, les lettres *sont* et non pas désignent ces assemblages, elles sont prises comme fonctionnant comme ses assemblages mêmes »[23].

4) Mais cette opération de fragmentation du nom propre n'est pas sans perte : elle établit le bord d'un manque, d'où peut surgir une demande en termes *pulsionnels*. Ainsi, cette fragmentation du nom propre délie celui-ci de sa fonction de trait unaire de l'idéal du moi ; elle le réduit à un signifiant quelconque et donc... métaphorisable.

Ainsi, ce qui est opérant dans l'analyse est la lettre, pour autant que sa matérialité est liée étroitement aux noms propres au sujet. S'il leur arrive de s'identifier au symptôme, le travail de l'inconscient et son interprétation dissolvent ce lien. En effet, si le transfert ramène la demande à l'identification aux traits de l'idéal comme demande d'amour, le désir de l'analyste et ce qu'il incarne par son *imago* sont de l'en écarter, pour qu'elle advienne de la cause du désir : l'objet petit *a* au-delà de grand I.

---

23. *Le séminaire, Livre XX*, Paris, Seuil, 1975, pages 46-7.

un enjeu pulsionnel

Qu'est-ce que tu veux que je te dise?

Jean Paulhan, au cours de son entretien avec Robert Mallet lui raconte une histoire de son enfance :

« Mon grand-père était pas mal taquin. Il avait imaginé un jeu — une sorte de mauvaise plaisanterie plutôt — qui irritait au plus haut point. Voici. Nous passions devant un magasin de jouets et il me disait, par exemple :

"Voilà un beau théâtre guignol. Si tu avais envie que je te le donne, je te le donnerais.

— Ah! Mais je le veux, grand-père.

— Ecoute, il ne s'agit pas de ce que tu veux. D'ailleurs un enfant ne dit jamais "je veux" quand il est bien élevé.

— Je t'en prie, grand-père.

— Voyons, voyons, il ne s'agit pas de prière. Je ne suis pas le bon Dieu. Si tu veux que je te le donne, je te le donnerai.

— Eh bien, donne-le moi!

— Comment! Des ordres à présent, à moi, ton grand-père! A quoi songes-tu? Si tu veux que je te le donne, je te le donnerai. »

Ce genre de jeu s'appelait une sornette et même cette sornette-ci s'appelait, je ne sais pas pourquoi, la sornette de l'agneau blanc. A la fin, excédé, je finissais par dire :

« Mais enfin, qu'est-ce que tu veux que je te dise? »

A quoi l'on répliquait évidemment :

« Mais il ne s'agit pas de ce que je veux te faire dire. Si tu désires que je te le donne, je te le donnerai. »

Depuis j'ai plus d'une fois songé à cette atroce sornette, et à d'autres, du même genre. »

De là, naquit chez Jean Paulhan son intérêt pour le langage, curiosité qui l'a mené à conclure après-coup : « Je ne me faisais pas à l'idée (pourtant simple) qu'il se pouvait qu'il n'y eut pas de *mot* à la difficulté, ni de réponse que l'on ne put tout aussitôt rendre ridicule en la traitant, justement, comme une réponse [1]. »

Le réel et le langage

L'analyse n'a pas pour but une exhaustion de l'histoire du sujet dans le symbolique. En raison de ceci: l'inconscient freudien n'est pas réductible au refoulé ; s'il l'était, comme le refoulement n'est pas sans retour du refoulé, une totalisation de l'histoire pourrait s'accomplir dans la parole nommante. Il n'en est rien. L'inconscient en sa structure initiale est autre: telle est l'ouverture du séminaire, *Les quatre concepts fondamentaux de la psychanalyse*, en janvier 1964.

1. Qu'est-ce qu'introduit l'inconscient par ses formations (symptômes, rêves, actes manqués, mots d'esprit) ? Non pas d'abord du sens, mais un achoppement, une défaillance, une rupture qui fait non-sens. Ça dérape, et c'est là où ça dérape dans cette élaboration qu'est la suite des pensées du rêve, que l'interprétation a à prendre place. C'est l'une-bévue. D'où la question : cette déchirure surgit-elle sur fond d'unité, de continuité et d'harmonie ? L'une-bévue qu'est le non-rapport entre la clé et la serrure se détache-t-elle à partir d'un rapport réussi inscrit quelque part ? Là, Freud répond « non » à Jung. Mais, alors, peut-on dire que le *un* de l'*unbewusst*, celui de la fente ou du trait négatif qui fait coupure, surgit sur fond

1. *Œuvres complètes*, Cercle du livre précieux, 1966, tome IV, p. 470-1.

d'absence ? Là non plus, pas d'en-deçà premier à supposer ; le *un* fait surgir l'absence, comme la note musicale qui loin de venir du silence l'engendre.

Ainsi, dans la suite des signifiants de mon histoire, voilà qu'un signifiant-maître manque : effacé, tombé en-dessous en raison de l'*urverdrängt*, comme dit Freud de l'ombilic du rêve, trou dans l'ordre symbolique.

2. Mais ce que montre l'analyse, c'est que ce *Vergreifen*, cette mé-prise se répète... à la même place : automatisme de la répétition, écrit Freud, *automaton* de la structure du réseau des signifiants. Quel en est l'enjeu ? *Au-delà* du symbolique de l'*automaton*, c'est le *réel* comme rencontre manquée : réel qui insiste et revient à la *même* place, à cette place où le sujet mené par ses *Gedanken* (pensées) ne le rencontre pas.

Mais pourquoi donc cette répétition ? La réponse vient de l'expérience freudienne qui est de *coordonner* l'*urverdrängt*, le trou dans le symbolique, *avec le réel*. Or, c'est de la répétition même de la déception, de la répétition de l'un de l'une-bévue, que Freud coordonne le trou dans le symbolique « avec un réel qui sera désormais, dans le champ de la science, situé comme ce que le sujet est condamné à manquer, mais que ce manquement même *révèle* » [2]. Comment ce manquement même révèle-t-il le réel ? Telle est notre question.

Nous avons vu avec Alexandre Koyré au chapitre intitulé « Une opération littérale », comment le réel est situé dans le champ de la science comme « expliqué par l'impossible ». Mais qu'en est-il du sujet ? Comment cet impossible même révèle-t-il le sujet ?

Le rêve d'un père

Pour aborder cette question, Lacan au cours de ce séminaire reprend quatre fois le dernier rêve présenté par Freud au chapitre VII de la *Traumdeutung*.

---

2. *Le séminaire, Livre XI*, Paris, Seuil, 1973, p. 39.

Un père vient de perdre son fils malade. Il l'avait longtemps veillé, et pour prendre un peu de repos dans la chambre voisine, il en confie la garde à un « vieil homme » : celui-ci sera-t-il à la hauteur de sa tâche paternelle ? Restera-t-il les yeux éveillés ? Le père s'interroge, et fatigué il s'endort pour faire un rêve : « L'enfant est près de son lit, le prend par le bras, et lui murmure sur un ton de reproche : *"Père, ne vois-tu pas, je brûle ?"* » Est-ce l'accomplissement d'un vœu de voir son fils vivant ? Mais alors, pourquoi le voir en cet état de demande dans la détresse ?

Par la porte entr'ouverte, la lumière d'une flamme s'élève ; un cierge est tombé sur le lit du fils : le vieil homme qui veille n'a pas su maintenir son regard attentif et s'est endormi à son tour. Par cet indice de réalité, que se répète-t-il dans ce rêve ?

1. Est-ce le souvenir d'un épisode ancien de l'enfant brûlant d'une « fièvre », écrit Freud, et appelant son père ? Corrélativement, est-ce le remords du père de n'avoir pas su être à la hauteur et intervenir suffisamment dans et sur la vie de son enfant ? Oui, certes. Mais le reproche ne porte pas seulement sur une *impuissance* du père à agir dans la réalité. L'impuissance par l'entretien de l'excuse narcissique ou du remords sans fin n'est-elle pas l'alibi d'autre chose ?

2. Au-delà de ces demandes et de ces réponses de l'ordre du besoin et de la protection de la vie, se répète ce qui entre un père et son fils concerne le malentendu irréductible, une non-transmission qui ne peut se dire qu'autrement : par la mise en scène du rêve. En effet, la répétition en son *automaton* renvoie au-delà d'elle à l'*impossible* : au *réel* du rendez-vous à jamais manqué entre *le* père comme tel et *le* fils : « Père, ne vois-tu pas, je brûle ? » Le père, en tant que père, est *celui qui ne voit pas*.

Ainsi, la question que pose le rêve n'est pas « qu'est-ce que ça veut dire ? », mais « qu'est-ce qu'à dire cela, ça veut ? » L'inconscient construit par le rêve une phrase où le sens importe moins que le point où ça cloche : chez le père la faille d'où l'enfant brûle, désir *d'où* prend feu un autre désir, « secret partagé », disait Lacan. Qu'est-ce qu'à marquer de ce trait d'achoppement de la rencontre et de hors-sens, ça veut ?

3. La réponse est d'ordre *pulsionnel*. Ce qui est appelé c'est « un *Trieb* à venir » [3], dit Lacan. L'imagerie du rêve n'est faite que de *Vorstellungsrepräsentanz*. Or, ce que le rêve désigne par la faille est au-delà des représentations qu'il nous donne en sa machinerie. Est-ce seulement le manque de *Vorstellung*, dont il n'y a que du *Repräsentanz*, du représentant ? Non, justement. Ce que « ça veut à dire cela », ce vers quoi nous oriente le rêve, c'est derrière le manque de représentation la pulsion : le *Trieb* à venir. En effet — et c'est là la nouveauté freudienne — le réel comme rendez-vous manqué « se trouve le plus complice de la pulsion » [4], du *Trieb* à venir.

Ici, pulsion scopique : l'à venir n'est pas le voir, ni l'être vu, mais au niveau de l'Autre le regard du fils comme objet de la pulsion chez le père de *se faire voir* par lui, objet que la pulsion en ce mouvement du *se faire voir* vise et rate. Mais pour le poser là, il aura fallu *d'abord* que s'instaure au lieu de l'Autre une place vide... que le fantasme puisse occuper. En effet, « c'est seulement au niveau de l'Autre que peut être réalisé ce qu'il en est de la fonction de la pulsion » [5].

4. Le chemin parcouru se résume ainsi :

Dans l'ordre *symbolique* il y a un manque : pas de signifiant qui dise l'être-père. « Personne ne peut *dire* ce que c'est que la mort d'un enfant sinon le père en tant que père, c'est-à-dire nul être conscient [6]. » En effet, si Freud parle d'*Urverdrängung*, s'il y a une refoulé irréductible, c'est en raison de la fonction paternelle. Parce que transbiologique, la paternité « a quelque chose qui est là originellement refoulé, et qui ressurgit toujours dans l'ambiguïté de la boiterie, de l'achoppement et du symptôme, de la non-rencontre, *dustuchia*, avec le sens qui demeure caché » [7].

De cet impossible (qui n'est pas l'impuissance à... possiblement dépassable !) surgit *le réel*, au-delà de nos *Gedanken*, comme rencontre manquée.

---

3. *Ibidem*, p. 59.
4. *Ibidem*, p. 67.
5. *Ibidem*, p. 162.
6. *Ibidem*, p. 58.
7. *Ibidem*, p. 224.

L'enjeu est d'ordre pulsionnel : le *Trieb* à venir, et le *fantasme* qui le soutient, soit la réalité sexuelle.

Voilà où en est Lacan en 1964. Or, ceci n'est pas sans introduire de nouvelles questions, non pas seulement parce que Freud laisse non-analysé le rêve de ce père, mais plus radicalement :

— Le réel peut-il être dit pulsionnel ? Le pulsionnel n'est-il pas plutôt lié à l'imaginaire, soit à l'image du corps et de ses orifices ?

— S'il en est ainsi, selon quelle *condition* le *Trieb* à venir peut-il prendre place, pour *ein neues Subjekt*, en vue d'un nouveau sujet ?

Le recouvrement de deux trous

La condition de cet avènement du *Trieb*, avec la constitution du *fantasme*, ne sera présentée que lentement par Lacan. Il y faudra du temps, le temps nécessaire de poser au-delà de ce rêve d'un père la structure du rapport de l'Autre et du sujet [8] ; c'est là la nouveauté de ce séminaire de l'année 1964 qui introduit la relation *entre le symbolique et le réel*, quitte à reprendre ensuite l'imaginaire... autrement !

Lacan présente cette relation comme un pari (posé avant toute analyse) : le recouvrement de deux trous l'un par l'autre, par l'ajout d'une deuxième opération à une première.

1. *Première opération d'addition subie*

Dès avant sa naissance, l'être humain est pris dans l'ordre symbolique. *Aliénation* primordiale en tant qu'il n'y a de sujet que comme effet de discours en l'Autre, lieu des signifiants. Homme ou femme, il se constitue non seulement par la vie biologique, mais en tant que celle-ci existe au langage. A dire autrement : l'inconscient est le discours de l'Autre.

---

8. Structure présentée également dans « Position de l'inconscient » (*Ecrits*, p. 829 à 850), pages écrites en mars 1964, soit au cours de l'année de ce séminaire.

De cette situation première dans le langage naît sans tarder l'interrogation sur le désir de l'Autre, posée ainsi : *qu'est-ce qu'à me dire ça, l'Autre veut ?* Demande posée de biais, à propos de n'importe quoi : pourquoi la lune est ronde ? L'enjeu est au-delà : *savoir* ce qu'il en est des rapports entre l'Autre et le sujet. C'est pourquoi, je te demande ce que je suis... pour toi ! Demande telle, pour trouver réponse finalement à ceci : je me demande ce que tu es... pour moi !

En effet, si l'Autre m'intéresse, ce n'est pas seulement pour sa capacité à satisfaire mes besoins pour vivre et survivre, mais à leur occasion (par étayage) pour savoir ce qui lui manque et quel est son désir. C'est au niveau de ce qui lui manque que je suis interrogeant, parce qu'il n'y a *pas* pour moi *d'autre détour* pour y trouver ce qui me manque comme cause de mon désir. Ce que Lacan formule ainsi : le désir du sujet est le désir de l'Autre.

Or, - et c'est là le tragique ou le comique - à entrer dans le défilé des signifiants, je n'en finis pas. En effet, je bute sur la limite du langage en tant qu'il y a en lui une incomplétude : il n'y a pas en lui le *dernier* mot qui ferait réponse à ma demande. Qu'en est-il du manque en l'Autre pour que je puisse y trouver ma place, mon être, mon amour ? L'énigme du désir de l'Autre demeure : il y a trop de mots qui tournent autour et pas celui qui le dirait. Il reste inconnu : au-delà ou en-deçà de ce qui se dit.

Or, cette butée n'est pas contingence accidentelle ou impuissance provisoire. Le manque en l'Autre qu'est le désir échappe en raison de l'ordre symbolique *même* ; cette raison, Freud la nomme *urverdrängt*, refoulé irréductible, et Lacan la note S (Ⱥ). C'est la limite même de l'identification en tant que toujours médiée : le sujet n'est représenté que par un signifiant, donc au lieu de l'Autre ; ainsi, à être représenté par un signifiant il s'y fige[9]. Mais ce signifiant ne représente le sujet que pour (à la place de) un autre signifiant, qui parce que signifiant du désir de l'Autre lui donne valeur. Or, celui-ci est

---

9. C'est la folie : passion d'*être*, par laquelle un homme se croit un homme, et un analyste un analyste !

hors système, signifiant (*de* l'Autre) qui à désigner l'Autre s'en distingue (n'est pas *dans* l'Autre) : A ≠ A.

Ainsi, le sujet est divisé : un pied dedans, un pied dehors. Il est fendu, parce que excentrique aux signifiants qui pourtant le constituent. Quadrature du cercle de l'Autre, dit Lacan, « impossible mais seulement du fait que le sujet ne se constitue qu'à s'y soustraire et à la décompléter essentiellement pour à la fois devoir s'y compter et n'y faire fonction que de manque » [10]. D'où : la deuxième opération.

2. *Deuxième opération de soustraction active*

Si le symbolique échoue à me répondre, vais-je en rester là, bouche bée ? Non, c'est sur ce point même d'inconnu qu'est le désir de l'Autre, en ce lieu spécifié de la barre du S (Ⱥ) que se constitue le désir du sujet. Comment le spécifier ? Pour cela loin d'attendre la réponse, je l'engendre moi-même en me soustrayant de l'ordre *symbolique* par une opération de séparation *réelle*. Ainsi, je réponds en faisant juxtaposer au manque dans le symbolique en l'Autre mon manque réel : tentative de *recouvrement de deux trous*, l'un par l'autre, parce que le sujet « rencontre effectivement le désir de l'Autre, avant même qu'il puisse seulement le nommer désir, encore bien moins imaginer son objet » [11].

Là où l'ordre symbolique défaille, « ce que le sujet va y placer, c'est son propre manque sous la forme du manque qu'il *produirait* chez l'Autre de sa propre disparition » [12]. Remarquons le conditionnel du « produirait », à reprendre plus loin.

Il s'agit d'une opération active : le sujet *produit* la forme déterminée de bord, le cerne spécifique du manque en l'Autre *par* son propre « manque réel » [13], sa perte *réelle* en tant qu'être *vivant*, ayant donc un commencement et une fin. Il se soustrait en engendrant sa disparition, à savoir en se ramenant à l'état d'*avant* son existence. De mille manières :

10. *Ecrits*, p. 806-7.
11. *Ecrits*, p. 844.
12. *Ibidem*.
13. *Le séminaire, Livre XI*, Paris, Seuil, 1973, p. 186.

C'est le suicide raté de celui qui par ce spectacle fait de sa propre main signature de ce message conclusif : tu m'as enfin perdu ! Il tente de savoir quel manque en l'Autre sa mort engendrerait. C'est la jalousie amoureuse de l'homme qui désespérant d'obtenir l'aveu de sa femme qu'il est bien rejeté, se rejette lui-même et provoque la rupture. C'est la fugue de l'adolescente, le mariage précipité de la jeune fille avec le premier venu ou sa brusque entrée au couvent ; elle fait réponse « vengeresse » à l'absence chez son père de manque signifié la concernant. C'est l'anorexie de celle qui ayant voulu répondre à la demande de sa mère de la nourrir, se décourage enfin de savoir si elle mange trop ou trop peu ; elle se laisse crever en mangeant « rien », puisque pour elle il n'y a « rien » d'autre en sa mère que la demande de manger « ceci ». C'est l'enfant qui avant de s'endormir se construit des scénarios mélo-dramatiques de sa mort physique pour le plaisir de se représenter le visage endeuillé de ses parents à son enterrement ; il se donne le signe qu'ils sont désormais voués à l'aimer pour toujours.

C'est, plus radicalement, la solution qu'indique Lacan à la fin du discours de Rome : Empédocle se précipitant dans le trou de l'Etna ; ou, aujourd'hui, la mort romaine d'un Montherlant, seul acte de maîtrise réussi, sans ratage [13bis].

Chaque fois, à la question : Peut-il, peut-elle, me perdre ? il est *fait* réponse par une sorte d'inertie active, en produisant le manque antécédent du moment où le sujet n'existait pas. Vœu : que se dessine en l'Autre la forme de la surface de mon corps absent, le trouant !

Tel est ce que Freud appelle *Versagung*, non pas frustration, mais refus, qui est un dit-que-non : *per-di(c)tion*. De cette soustraction naît le sujet de l'inconscient, en cette place d'où s'origine le dit comme émergence du signifiant de la *négation* qui permet au sujet de se refuser à l'ordre symbolique.

Ainsi le « mè » du « μή φῦναι » *(mè phunaï)* d'Œdipe à Colone : « Ah ! puissè-je n'être pas né ! ». De même, à la fin de *l'Otage* de Claudel, le mouvement de tête de gauche à droite de

---

13. J. Lacan, *Télévision*, Paris, Seuil, 1973, p. 67.

Sygne de Coûfontaine sur son lit de mort : signe que *non*[14]. Elle a déjà tout donné de ce qui faisait son être et sa tradition, en épousant ce Turelure, celui qui a fait périr les siens. L'enjeu signifié par l'abbé Badilon était de sauver le Père céleste, représenté par ce Pape en otage. Ainsi, elle a dit oui à l'ordre social à venir, où réconcilier révolution et chrétienté. Mais à la fin, après avoir reçu volontairement la balle qui devait tuer son mari, elle touche à l'impossible : cet impossible de voir son fils, héritier de cette réconciliation, et de pardonner à son mari d'avoir tué son frère objet de son amour. Elle dit non de la tête, d'un non d'où depuis l'origine naît le sujet de l'énonciation, hors de cet ordre symbolique qu'elle a soutenu par son mariage à cet homme qu'elle n'aime pas. Et lorsque celui-ci crie un énorme et railleur : Coûfontaine *adsum !* elle ne peut que se soustraire.

Sygne choisit de manquer à l'Autre par un manque *réel*. Elle donne pas sa mort. C'est bien ce que dans la première version de la scène finale, l'abbé Badilon entend, articulé de la bouche de Sygne : « Une chose trop bonne pour que je la lui eusse laissée » (acte III, scène IV). C'est de même dans la variante ce que Turelure a compris à partir du non de sa femme : « La mort était une chose trop bonne pour me la laisser. » Ce non n'était-il pas déjà dans son nom de Coûfontaine, où l'insolite de l'accent circonflexe marque l'excentricité du sujet à l'ordre symbolique ?

Une mort qui porte la vie ?

Mais ce manque réel produit-il effectivement la forme du manque en l'Autre ? Le « tout est foutu… définitivement ! » rencontre-t-il vraiment le désir de l'Autre ? Le vœu de faire soi-même la réponse là même où l'ordre symbolique défaille se réalise-t-il ? Eh ! bien non. Moment capital du processus analytique. En effet, pour que les trous du symbolique et du réel se recouvrent, ne faut-il pas une autre dimension qui fasse *lien* ? Telle est désormais la question. « Deux vrais trous font un

---

14. *Le séminaire, Livre VIII*, Paris, Seuil, 1991.

faux trou. C'est bien en quoi le deux est un personnage si suspect, et qu'il faut en arriver au trois pour que ça tienne [15]. »

Tant qu'il s'agissait de polémiquer avec les post-freudiens, il était de bon aloi d'affirmer le primat du *symbolique* sur l'*imaginaire*. Mais, lorsque Lacan est provoqué par ceux mêmes qui le suivent, de poursuivre son enseignement, il rencontre les effets sur ceux-ci de sa polémique, « effet de relâchement, dit-il, subi par notre thématique à mesure d'une diffusion qui fut notre surprise » [16]. Le primat du symbolique est devenu du lacanisme, soit un *disque courcourant*.

Il lui fallait opérer une « correction » en 1964 et aborder enfin la relation du *symbolique* au *réel*. D'où naît une autre thématique : la rencontre de la nécessité du recouvrement de deux manques, symbolique et réel. Lacan bute sur ce point : comment réussir ce recouvrement en vue d'un « vrai trou » ? La réponse à cette question est inévitable et exige donc un nouveau frayage dont l'enjeu est le *pulsionnel* même. En effet, ce qu'apporte de nouveau la psychanalyse est l'introduction d'une *voie* pour que le ratage du lien entre le symbolique et le réel ne soit pas une perte sèche, une pure répétition sans fin du rendez-vous manqué, - manqué par refus du suicide ! - Elle est la voie d'une séparation et d'une soustraction enfin accomplies. Mais pour cela, il y faut une *imagination* du trou ; Lacan, plus tard, lorsqu'il aura accompli ce pas, pourra écrire : « L'imagination du trou a des conséquences certes : est-il besoin d'évoquer sa fonction "pulsionnelle" ou, pour mieux dire, ce qui en dérive *(Trieb)* ? C'est la conquête de l'analyse que d'en avoir fait mathème, quand la mystique auparavant ne témoignait de son épreuve qu'à en faire l'*indicible*. Mais d'en rester à ce trou-là, c'est la fascination qui se reproduit [17]. »

En effet, à tourner autour du trou du symbolique (S (Ⱥ)), l'analyse vire à l'indéfini, au non-terminable. Tel est le projet posé dès 1964 : parer aux effets mystiques d'une certaine

15. Le 2 novembre 1976. Cf. *Lettre de l'Ecole freudienne*, n° 21, p. 474.
16. Résumé du séminaire de 1964 pour l'annuaire de l'Ecole pratique des hautes études.
17. « L'étourdit » dans *Scilicet*, n° 4, Paris, Seuil, 1973, p. 42.

pratique de l'analyse (effets imprévisibles du rapport de Rome de 1953), qui prend l'imaginaire pour « caca, bobo, un mal »[18], et le symbolique pour ce qui serait « bien », - pratique qui fait oublier la pulsion et ce qu'elle impose : la finitude du désir[19]. Ce n'est pas là un *a priori* anti-mystique, mais une exigence éthique qui concernant la spécificité, la limite interne et le terme du processus analytique, détermine, comme nous verrons, la *place* de l'analyste.

18. Séminaire du 19 mars 1974, intitulé *Les non-dupes errent* (inédit).
19. Et par là sa distinction d'avec l'infinitude du sujet.

un autre imaginaire

Chapitre un

le trou
dans l'imaginaire

Introduction de − φ

S'il y a échec du recouvrement du manque symbolique par un manque réel (si ce n'est par le suicide), la voie de la psychanalyse pour y réussir est de tenir compte de l'imaginaire par l'image du corps. De quelle manière ?

L'imaginaire fut ce que Lacan a lu en premier lieu dans Freud avec l'investissement narcissique de l'objet, puis par l'image spéculaire dont il a inventé la constitution avec le stade du miroir. Avançant sur cette voie selon laquelle il y a immersion et « transfusion de la libido du corps sur l'objet », Lacan ajoute désormais : « Pour autant qu'une partie reste préservée de cette immersion, concentrant en elle le plus intime de l'auto-érotisme, sa position « en pointe » dans la forme la prédispose au fantasme de caducité où vient s'achever l'*exclusion* où elle se trouve de l'image spéculaire et du prototype qu'elle constitue pour le monde des objets[1]. » Et il ajoute : « Le phallus, soit l'image du pénis est *négativé* à sa place dans l'image spéculaire. »

En effet, dans la constitution du moi comme narcissique, il y a une limite de l'investissement libidinal du corps sur l'image de l'autre ; ainsi, la libido ne passe *pas toute* sur l'image spéculaire. Il y a un point aveugle, une partie manquante dans l'image : moins petit phi($-$ φ).

---

1. *Écrits*, p. 822. Cette première avancée-là se situe en septembre 1960 dans « Subversion du sujet et dialectique du désir » ; elle sera reprise dans le séminaire du 28 septembre 1962, intitulé « L'angoisse ».

C'est ce qui explique par voie de conséquence que le garçon imagine à la *vue* de l'absence de pénis chez la fille ce qui pourrait lui arriver ; et inversement la fille à la vue de cette présence ce qu'elle aurait perdu. Ce *pas encore* chez l'un *ou* ce *déjà là* chez l'autre renvoient au *même* − φ dans l'image (et plus tard au même refus de ce manque, comme « envie de pénis » *(Penisneid)* chez la femme, comme « rejet *(Ablehnung)* de la féminité* » chez l'homme, selon l'expression de Freud).

Dans l'image du corps propre, le phallus apparaît *en moins*, comme un blanc : un point aveugle. Le phallus est une réserve libidinale, non représentée sur l'image : il y est cerné en tant que coupé de l'image ; il n'est pas sans y découper le bord de son absence.

A la place même de ce trou spécifié qu'est − φ, est posé l'objet petit *a*, cause du désir. L'objet petit *a* ne *peut* se conjoindre au phallus (et non le précéder comme stade pré-génital !) que lorsque celui-ci est, selon la belle expression de Lacan, « flappi ». Freud n'a cessé de le dire en parlant du complexe d'Œdipe (qui n'a rien d'un complexe !) : parce que la jouissance phallique est interdite, alors vient en *suppléance,* à sa place, la fonction du plus-de-jouir par les objets pulsionnels. C'est le b-a, ba, épelé par Freud. Quelles conséquences en tire Lacan au cours de son séminaire de 1964 : *Les quatre concepts fondamentaux de la psychanalyse ?*

L'imaginaire et le regard

A lire attentivement cet enseignement, qui n'est pas frappé de l'insistance que le discours de Lacan accorde au *regard* ? Insistance marquée par le rêve d'un père : « Père, ne vois-tu pas, je brûle ? », par le récit par deux fois d'un poème d'Aragon (l'autre est mon reflet, mais sans regard), par l'introduction d'un livre posthume de Merleau-Ponty sur la visibilité, puis de celui de R. Caillois sur les ocelles du mimétisme, et par l'analyse du geste du peintre qui présente un tableau à notre regard. Enfin en conclusion, l'analyste est défini comme celui dont le regard est hypnotisé *par* l'analysant, par une sorte d'hypnose à l'envers.

Que tisse donc ce fil ? Lacan exposant la liste des pulsions en dénombre quatre : se faire boulotter, se faire chier, se faire voir, se faire entendre, - chaque fois, l'objet de la pulsion étant à poser au champ de l'Autre. *Mais*, en ce qui concerne la troisième, la pulsion scopique, Lacan remarque : « Freud montre qu'elle n'est pas homologue aux autres[2]. » « Son privilège tient à sa structure même[3]. » Le regard en effet est « le terme le plus caractéristique à saisir la fonction propre de l'objet *a* »[4], cause du désir en tant qu'il « se présente justement, dans le champ du mirage de la fonction narcissique, comme l'objet inavalable »[4] ; ajoutons : comme l'objet irréductiblement extérieur, *au-delà* de l'image de l'objet narcissique que je *peux* voir (au-delà du *narzisstliche Objektwahl* selon Freud). Cet au-delà de l'objet au champ de l'identification qui fonde le narcissisme, Freud le marque bien en son fameux schéma[5] :

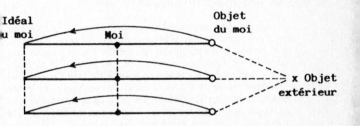

Lacan y désigne l'idéal du moi par grand I, l'objet narcissique du moi par *i(a)*, et l'objet *au-delà* par petit *a*. Et la courbe fléchée marque la confusion possible tentée par le sujet de ramener l'objet petit *a* à l'identification idéalisante en I, et ainsi d'éluder la castration[6].

Ceci sera à préciser. Pour le moment, remarquons : Lacan choisit parmi les objets pulsionnels celui de la pulsion scopique,

2. *Le séminaire, Livre XI*, Paris, Seuil, 1973, p. 74.
3. *Ibidem*, p. 79.
4. *Ibidem*, p. 243.
5. *Ibidem*, p. 245, où est repris le schéma freudien du chapitre 8 de *Psychologie des groupes et analyse du moi*.
6. Ce qui montre bien comment Lacan a inventé l'objet petit *a* : à partir de la deuxième topique.

soit le *regard*, pour montrer le rapport de jonction/disjonction de la pulsion avec l'imaginaire corporel, en tant que le regard plus que tout autre objet nécessite une *subversion* de la présentation de l'imaginaire même. Comment cela ?

Partons d'abord de l'acquis en ce qui concerne le visuel. Lacan l'a introduit d'une façon privilégiée avec la phase du miroir. Par la vision de l'image du corps de l'autre, j'anticipe ma propre maîtrise et je totalise mon image spéculaire : là est l'origine de la satisfaction narcissique du moi. Mais, avant cette origine même, primordialement que suis-je donc ? Un être *regardé*, regardé de partout, livré, dé-couvert, ex-posé. Je suis *dans* le spectacle du monde avant même que je constitue l'autre en objet spectaculaire. La parution du livre posthume *Le visible et l'invisible* de Merleau-Ponty fournit à Lacan l'occasion d'insister sur cet originel. Citons comme exemple l'un des passages les plus caractéristiques de ce livre :

> « Nous aurons à nous demander ce que nous avons trouvé au juste avec cette étrange adhérence du voyant et du visible. Il y a vision, toucher, quand un certain visible, un certain tangible, se retournent sur tout le visible, tout le tangible dont il fait partie, ou quand soudain il s'en trouve *entouré*, ou quand, entre lui et eux, et par leur commerce, se forme une Visibilité, un Tangible en soi qui n'appartient en propre ni au corps comme fait, ni au monde comme fait (...). De sorte que le voyant étant pris dans cela qu'il voit, c'est encore lui-même qu'il voit : il y a un narcissisme fondamental de toute vision ; et que, pour la *même* raison, la vision qu'il exerce, il la subit aussi de la part des choses, que, comme l'ont dit beaucoup de peintres, *je me sens regardé par les choses*, que mon activité est identiquement passivité, — ce qui est le sens second et plus profond du narcissisme : non pas voir dans le dehors, comme les autres le voient, le contour d'un corps qu'on habite, mais surtout être vu par lui, exister en lui, émigrer en lui, être séduit, capté, aliéné par le fantôme, de sorte que voyant et visible se réciproquent et qu'on ne sait plus qui voit et qui est vu. C'est cette Visibilité, cette généralité du Sensible en soi, cet *anonymat* inné de moi-même que nous appelions chair tout à l'heure, et l'on sait qu'il n'y a pas de nom en philosophie traditionnelle pour désigner cela[7]. »

---

7. *Le visible et l'invisible*, Paris, Gallimard, 1964, p. 183.

Or, ce primordial en deçà de la phase du miroir n'est ni réduit ni effacé par elle : il demeure au-delà d'elle, et met en cause son mirage de satisfaction narcissique. Si je suis un être regardé, qu'est-ce donc le regard ? Non pas l'œil, organe de la vision, mais le regard dont la fonction est à articuler en « ses relations fondamentales à la *tache*, du fait qu'il y a *déjà* dans le monde quelque chose qui regarde avant qu'il y ait une vue pour le voir, que l'ocelle du mimétisme est indispensable comme *présupposé* au fait qu'un sujet peut voir et être fasciné, que la fascination de la tache est antérieure à la vue qui la découvre » [8].

Le regard n'est pas l'œil. Si les ocelles impressionnent, ce n'est pas parce qu'elles « ressemblent à des yeux », écrit Caillois, mais au contraire « les yeux intimident parce qu'ils ressemblent aux ocelles. L'important est ici la forme *circulaire, fixe* et *brillante*, instrument typique de fascination » [9]. Les trois fonctions du mimétisme décrites par Caillois : travestissement, camouflage, intimidation, mettent en œuvre les conditions d'une fascination, antérieure à toute présence effective de l'œil de l'autre.

Or, de ce matériau du règne animal, l'être humain sait jouer : il le transforme en un *donné-à-voir*, masque et doublure de lui-même. Le geste du peintre dépose ses *taches* sur la toile pour que j'y dépose... mon œil : « Tu veux regarder ? Eh bien, vois donc ça ! », dit Lacan [10] : *ces petits bleus, ces petits bruns, ces petits blancs*, de Cézanne [11].

Ainsi, le regard au champ de l'Autre est tache, touche, rayure, raie, pour la vision de mon œil. Or, cette schize entre le regard et l'œil a effet de rendez-vous manqué, effet de réel : « Ce que je regarde n'est *jamais* ce que je veux voir » à l'Autre, de l'Autre [12]. Ce qui m'est présenté est un voile, c'est-à-dire quelque chose au-delà de quoi je demande à voir.

Mais, une *même* schize se retrouve en s'inversant. En effet, à être primordialement regardé de toutes parts, voilà qu'à mon

8. *Le séminaire, Livre XI*, Paris, Seuil, 1973, p. 245.
9. *Méduse et Cie*, Paris, Gallimard, 1960, p. 118.
10. *Le séminaire, Livre XI*, Paris, Seuil, 1973, p. 93.
11. *Ibidem*, p. 101.
12. *Ibidem*, p. 95.

tour j'entre dans le jeu de me faire regard, en m'exposant en un « ça montre » provocateur : je fais *tache* donnée-à-voir sur le tableau que je suis en mon image. Et c'est de nouveau pour instaurer un manque au champ de l'Autre : « *Jamais* tu ne me regardes là d'où je te vois [12]. »

Ainsi, de cette schize entre le sujet et l'Autre advient la castration comme manque phallique : reconnaissance de l'impossible à maîtriser le point en l'Autre, d'où ce que le sujet donne à voir est regardé.

A ce propos, Lacan raconte une histoire de ses vingt ans. Jeune bourgeois parisien, il voulut un jour participer au travail manuel d'une famille de pêcheurs d'un port de Bretagne. Noble intention à une époque où le maoïsme n'était pas encore né ! Mais, avant de retirer les filets, le nommé Petit-Jean lui désigne une boîte de sardines qui flottait sur l'eau dans le soleil, et lui dit : « *Tu vois, cette boîte ? Tu la vois ? Eh bien, elle, elle te voit pas* [13] ! »

Quarante ans plus tard, Lacan analyse cet épisode qui ne revient pas pour rien à sa mémoire : « *Wo es war, soll Ich werden.* » Car, si Petit-Jean la trouve drôle, lui beaucoup moins : pourquoi Petit-Jean parle-t-il ainsi ? Le dit que cette boîte scintillante ne le voit pas, ne fait nullement oublier ce dire-ci : *elle te regarde !* Ce n'est pas métaphore de l'entendre au sens où par le « ça me regarde » se signifie que je suis concerné, interpellé, requis : « C'est mon affaire, je ne peux m'en laver les mains ! » En quoi donc ?

Ce point lumineux est là, au dehors, où est tout ce qui me regarde. Il n'est pas ce que j'aurais à objectiver par une prise de distance et une mise en perspective. Il est ce que je suis comme tache *dans* et *sur* le tableau de ce monde comme être-regardé depuis ma naissance (et même avant depuis l'invention de l'echographie !). Je suis là saisi dans l'espace et inscrit dans une fonction spéculaire en tant que tout sujet est d'emblée inséré spatialement et se présente autre qu'il n'est.

_____

13. *Ibidem*, p. 89.

Ainsi, ce point de regard interroge Lacan. Ce jeune intellectuel en tant qu'être-regardé fait tache et écran sur ce tableau breton composé de rudes travailleurs « qui gagnaient là péniblement leur existence ». La triple fonction du travestissement, du camouflage et de l'intimidation, par mimétisme de la situation « pêcheuse », n'impressionne pas du tout Petit-Jean. Cela lui fait plutôt drôle, et il en signifie le jeu en désignant la boîte de sardines. En son trait évanescent de brillance et d'ἀγαλμα *(agalma)*, elle fait apparaître à Lacan ce qui lui manque : *d'où* Petit-Jean le regarde.

Cette schize entre l'œil et le regard à quoi nous renvoie-t-elle ? A un trou dans l'imaginaire, à un trou en l'image de l'Autre - φ : où se place l'objet petit *a*.

Une troisième présentation du miroir

L'introduction du regard comme objet petit *a* au champ de l'Autre va avoir inévitablement une conséquence de poids : la modification de la présentation de la *phase du miroir*.

En effet, nous avons vu que l'objet scopique plus que tout autre objet pulsionnel a une relation étroite avec le narcissisme et donc la phase du miroir. Cette modification s'écrit en 1966 avec la publication des *Écrits*. Cet assemblage de communications juxtaposées chronologiquement est alors parsemé de cinq préfaces sous les titres suivants : *Ouverture de ce recueil, De nos antécédents, Du sujet enfin en question, D'un dessein, D'un syllabaire après-coup*. Lacan opère là une mise en perspective de son frayage et de ses trouvailles : il s'explique sur le retard pris à telle avancée ; il se justifie par des raisons pédagogiques d'exposition à un auditoire un peu sourd de la feuille. Plus encore, dans l'après-coup, il projette une lumière nouvelle sur des écrits anciens : c'est ainsi que *De nos antécédents* donne une présentation toute différente de la phase du miroir, qui tient compte du long chemin parcouru depuis son invention. Cette mise en perspective permet de distinguer trois étapes du « miroir » : avant 1953 - après 1953 - après 1966 (date des *Écrits*).

Jusqu'en 1953, Lacan dégage un imaginaire à l'état pur, où s'affirme le primat du visuel ; c'est par celui-ci en effet que l'enfant constitue son moi à partir de l'image corporelle de l'autre en tant que *vue* en sa totalité. Les données de la *Gestalttheorie*, de l'éthologie animale (Harrison, Chauvin) et de la phénoménologie sont reprises pour établir la prégnance de l'*invidia* (du verbe *videre*, voir) à la source du complexe fraternel et de l'agressivité.

Ainsi, l'espace humain a originellement une structure géométrique, à entendre « kal-eido-scopique » [14] : la « belle forme » au champ de l'autre me fascine, et aussi structure mon propre champ qui en retour plus tard se projette dans le champ de l'autre, dans la comparaison, la compétition et la conquête guerrière de l'espace d'autrui. Prégnance de l'image de la forme unifiée comme première, géométrie de « sac » déterminant des totalités pleines, aux surfaces vues comme frontières d'un volume, et soutenant l'hypothèse d'une *sub*stance (upokeimenon) qui en fait l'unité permanente en deçà des apparences changeantes.

Enfin, cet espace du moi détermine la pensée comme *intuitus* [15] ordonnant son monde comme une sphère [16], qui délimite la prise du concept en ses deux dimensions d'extension et de compréhension selon lesquelles sa « main » se ferme.

Ainsi, à tous les niveaux : objets matériels, limites du territoire (chambre, appartement, voiture), théorie de la pensée, organisation de l'action politique et religieuse - règne un imaginaire corporel selon la « géométrie » du moi et de son image spéculaire. Maîtrise, unité, stabilité y trouvent leur fondement *euclidien*.

---

14. *Ecrits*, p. 122.
15. Cf. l'admirable étude de Merleau-Ponty *L'œil et l'esprit*, à laquelle Lacan répond peu après sa mort dans *Les Temps modernes*, dans le numéro spécial sur Merleau-Ponty (1961).
16. Cf. *Les métamorphoses du cercle*, de G. Poulet, Paris, Flammarion, 1979.

A partir de 1953, Lacan double cette aliénation première par laquelle l'image du corps propre est à l'image de l'autre, par une seconde d'un autre ordre : symbolique, selon laquelle le l'inconscient est le discours de l'Autre.

Mais, il ne s'agit pas d'un simple doublet, où chaque relation fonctionnerait chacune à son plan. Le symbolique *détermine* l'imaginaire, le rend impur, non absolu, lié. Lié à quoi ? Pour l'illustrer, Lacan se débat de 1953 à 1960 [17] avec le schéma optique du bouquet renversé. *Optique* justement, de ce que s'y fonde une géométrie de lignes droites selon le processus de la lumière dont les rayons se réfractent sur deux miroirs. Métaphore de nature optique pour introduire le symbolique *dans* l'imaginaire, en tant que l'idéal du moi de la deuxième topique freudienne détermine le moi-idéal. Autrement dit, Lacan aborde de nouveau le processus de l'identification. Cette reprise est nécessaire pour résoudre le problème que lui ont posé le cas Aimée et le stade du miroir : celui de l'agressivité. Le rapport imaginaire et duel est d'exclusion : ou moi, ou l'autre ; ou je tue l'autre pour briser cette image insupportable - ou il me tue en me ravissant à moi-même. N'y a-t-il pas une solution autre que cette perpétuelle oscillation entre moi et moi-idéal (i-i') ?

Il y a le lieu de l'Autre où se pose le signifiant. L'enfant au miroir reste insatisfait ; il attend un témoignage, un signe de celle qui occupe la place de l'Autre : la mère. Il lui demande une parole comme référence qui tempère et stabilise la tension imaginaire et qui ouvre l'avenir. Signe d'assentiment, signe d'amour demandé : que le tiers fasse réponse ! Là, Lacan situe ce que Freud a noté comme deuxième sorte d'identification au chapitre VII de *Psychologie des groupes et analyse du moi*. C'est la constitution de l'idéal du moi en tant qu'il y a identification à un trait *(Zug)* en ce lieu *d'où* le sujet se voit comme aimable ou non, désirable ou non. Il y trouve réponse à sa demande. Or, comment dénommer ce trait ?

---

17. Date de la rédaction de la « Remarque sur le rapport de Daniel Lagache, Psychanalyse et structure de la personnalité », dans *Ecrits*, pages 647 à 683.

Lacan commence par parler de « signe, image de petit *a* » ; le sujet intériorise « *einen einzigen Zug* », un trait *unique* comme signe [18]. Mais peut-on là parler de signe, puisque celui-ci représente quelque chose pour quelqu'un, alors que l'enjeu est d'identification ? Si le chien ne voit que des signes, qu'en est-il de lui-même en sa représentation ? Il est pris dans l'image [19].

C'est pourquoi, Lacan précise [20] : le trait n'est pas de l'ordre de la *mimésis* ou de la ressemblance figurative du signe, mais du pur signifiant comme tel, représentant un sujet en sa trace, en sa lettre. Il traduit donc « *einziger Zug* » par : trait *unaire*, désignant le un comptable de la marque ; en sa dénomination n'est impliqué nul attribut pré-établi, ni qualité intrinsèque au nom. Ainsi, la différence d'avec l'imaginaire se radicalise. L'idéal du moi constitué de traits unaires est une introjection symbolique qui détermine et soutient la projection imaginaire sur le moi idéal, parce qu'elle la transcende. Mais des questions restent en suspens : la réponse de l'Autre est-elle d'amour ou de désir ? Plus encore, qu'en est-il du manque imaginaire lui-même, noté - φ ?

Troisième étape

Une nouvelle écriture du stade du miroir. « *De nos antécédents* » (1966) rompt avec la première présentation du miroir. Celle-ci donnait à la nécessité pour l'*infans* d'anticiper son insuffisance présente par l'image de l'autre (matrice de l'image spéculaire), une cause *biologique* : retard de la coordination nerveuse liée à la prématuration de la naissance. Cette cause donnait raison de la jubilation d'anticiper imaginairement sa résolution. Lacan s'en écarte : le manque causal n'est pas de déréliction physique. Ce serait en effet laisser supposer une harmonie chez l'animal entre l'*Innenwelt* et l'*Umwelt*, que l'enfant rejoindrait par le détour de l'imaginaire ; plus encore, ce serait laisser croire que cette harmonie-là est en l'autre et que je l'anticipe en son image.

---

18. *Le séminaire, Livre VIII*, Seuil, 1991, p. 414.
19. D'où pour l'homme l'effet apaisant du compagnonnage animal, qui exclut l'équivoque du signifiant.
20. Séminaire du 6 décembre 1961 : *L'identification* (inédit).

Or, la jubilation ne vient pas de la résolution d'un manque organique et moteur, mais d'ailleurs : « Ce qui se manipule dans le triomphe de l'assomption de l'image du corps au miroir, c'est cet objet le plus évanouissant à n'y apparaître qu'en marge : l'échange des regards, manifeste à ce que l'enfant se retourne vers celui qui de quelque façon l'assiste, fut-ce seulement de ce qu'il assiste à son jeu [21]. »

Ce qui importe, ce n'est plus seulement l'enfant en tant que voyant, mais de se savoir l'objet du regard de l'Autre. L'enseignement de l'année 1964 est passé par là. L'enjeu n'est pas la maîtrise par la vision, mais l'objet scopique comme objet petit *a* pouvant *manquer* au champ de l'Autre. De quel manque ? Non du manque symbolique (S($\cancel{A}$)), mais d'un manque dans l'imaginaire : - φ. Et en ce lieu vide, en ce point aveugle, peut alors se poser l'objet *a*, le regard. Et Lacan d'enchaîner : « Ajoutons-y ce qu'un jour un film, pris tout à fait hors de notre propos, montra aux nôtres, d'une petite fille se confrontant nue au miroir : sa main en éclair croisant, d'un travers gauche, le manque phallique [21]. » Ainsi, la jubilation naît du croisement des regards qui vient couvrir le manque phallique. Mais ce croisement n'est que ponctuel de n'atteindre que l'objet le plus évanescent qui soit : le regard comme objet de la pulsion scopique. En effet, comme nous l'avons vu, il y a schize *entre* l'œil organe de la vision, et le regard : dans le champ de l'Autre, là où le sujet se voit vu comme aimable *n'est pas* le point d'où il se regarde.

Telle est donc la cause non organique de la phase du miroir : « l'aliénation, qui *déjà* situe le désir au champ de l'Autre » [22]. La béance causale n'est pas l'inertie biologique, mais le manque phallique dans l'image spéculaire. Il s'agit là d'un renversement de perspective, dont l'enjeu est celui même de ce chapitre : l'imagination du trou, *pour* le *Trieb* à venir. Or, comment l'imaginer si ce n'est *avec* l'imaginaire même ? Mais alors, quel imaginaire ?

21. *Ecrits*, p. 70. De même, séminaire du 3 février 1965.
22. Remarquons-le, Lacan dit : le désir et non l'amour.

Le retournement d'une surface

Il nous faut prendre la mesure de cette troisième présentation du stade du miroir. La seule vision de l'image en l'autre ne suffit pas à constituer l'image du corps propre. L'aveugle n'aurait-il pas de moi ? L'efficace de l'identification vient du regard au champ de l'Autre : « même l'aveugle y est sujet »[23]. Or, quel *imaginaire* est impliqué par cet efficace ? Telle est notre question.

Nous avons vu que la constitution de l'image spéculaire en sa première version reposait « sur la liaison avec la qualité de voyant »[23] du sujet. Cette liaison laissait croire à un imaginaire donnant au moi les caractères d'une surface corporelle délimitant une figure pleine et fermée, « substantielle », parce que constituée par le miroir qu'est l'autre de figure semblable. Or, si au contraire le regard de l'Autre est au fondement de cette constitution, c'est que l'image de l'autre est trouée : l'objet petit a au champ de l'Autre vient là, à la place de ce trou qu'est - φ dans l'image. D'où l'affirmation (tardive !) de Lacan : « le moi n'est qu'un trou »[24]. Pas de substance supposable ! C'est bien pourquoi la définition la plus assurée de l'objet a est celle-ci : l'objet a est ce qui fait *tenir* l'image ; ou : parce que l'image est trouée, elle ne *tient* que de a[25].

Mais, ceci est-il imaginable ? Non certainement pas, à moins « d'instituer un *autre* mode d'imaginarisation »[26] dans la demeure du dit, comme dit-mension, soit une nouvelle façon de nommer par une nomination imaginaire. En effet, le trou n'est pas à imaginer comme survenant après-coup sur une totalité constituée pour en déchirer la surface ; mais au contraire il engendre la figure : sa structure de bord est *opérante*. Or, la présentation de cet imaginaire exige l'abandon des propriétés métriques (grandeur, mesures) de la géométrie classique pour une *topologie* aux propriétés qualitatives de voisinage conservées après transformation. Celle-ci rend compte des propriétés d'une « figure » qui restent invariantes

---

23. *Ecrits*, p. 71.
24. Séminaire du 17 décembre 1974.
25. Définition, nous le verrons plus loin, qui définit la position de l'analyste.
26. Séminaire du 28 novembre 1962 : *L'angoisse* (inédit).

après une transformation sans déchirure ni recouvrement, d'une façon continue, - soit l'imaginaire du « miroir » en sa nouvelle présentation. Comme nous allons voir, cet autre imaginaire est un imaginaire non lié au narcissisme et au moi.

Là, en effet, est posée l'exigence de la présentation d'une transformation continue d'une image en son inverse *à partir de* - φ. Pour en montrer brièvement l'enjeu, partons de l'objection que se faisait à juste titre Kant en son esthétique transcendantale :

« Que peut-il y avoir de plus semblable, de plus égal en tous points à ma main ou à mon oreille que leur image dans le miroir ? Pourtant, je ne puis substituer à l'image primitive cette main vue dans le miroir ; car si c'était une main droite, il y a dans le miroir une main gauche et l'image de l'oreille droite est une oreille gauche qui ne peut aucunement se substituer à l'autre. Il n'y a pas là de différences internes que quelque entendement pourrait même concevoir, et pourtant les différences sont intrinsèques, comme l'enseignent les sens, car la main gauche ne peut être renfermée dans les mêmes limites que la main droite malgré toute cette égalité et toute cette similitude respectives (elles ne peuvent coïncider) et le gant de l'une ne peut servir à l'autre. Quelle sera donc la solution [27] ? »

Pas de solution en effet si l'on part de l'intuition qu'est la vision de l'œil, lumière portée sur des objets-substances. Et pourtant l'identification réussit : *E pur, si muove !* Comment l'imaginariser ? Lacan relève l'objection qu'est le gant que lui tend Kant : en *le retournant* !

Si je retourne la figure qu'est ce gant à la main gauche du corps de l'autre, alors elle peut délimiter la surface de ma main droite. Il y a inversion droite-gauche (soit de ce qui relève d'une nomination imaginaire et de sa prégnance). Et elle s'opère par un *retournement*. Une seule condition le permet : le gant est une surface *trouée* ; il a une ouverture.

Mais, prenons le corps en sa *Gestalt*. Imaginons un vêtement d'une seule pièce : pyjama de bébé, costume de sport,

---

27. *Prolégomènes à toute métaphysique future*, Paris, Vrin, 1974, p. 48-9.

combinaison d'astronaute, et nous avons l'identification par transformation d'une figure d'une façon continue de l'autre au moi, qui « n'est pas seulement un être de surface, mais est lui-même la projection d'une surface »[28]. Or, ce qui l'engendre, c'est la coupure qu'est la dite fermeture-éclair ou ce tour-du-cou qui n'est qu'un *trou*. Cet imaginaire-là est autre que celui que nous avons montré jusque là, lié au narcissisme. Mais alors, cela ne modifie-t-il pas le *rapport* de l'imaginaire au symbolique et au réel ?

28. Freud, « Psychologie des groupes et analyse du moi », dans *Essais de psychanalyse*, Paris, Payot, 1981, p. 238.

Chapitre deux

l'imagination
du triple trou

L'introduction au chapitre précédent du trou dans l'imaginaire va nous permettre de répondre aux questions posées et laissées en suspens : comment lier le symbolique et le réel ? Comment faire recouvrir le manque symbolique par le manque réel ? Qu'engendrer à partir de ce rendez-vous manqué qu'est le réel ? En quoi le réel peut-il être complice du *Trieb* de la pulsion ?

La psychanalyse apporte du possible, celui-ci : la production d'un *vrai* trou par l'ajout à ceux du symbolique et du réel de celui de l'imaginaire, noté par Lacan - φ. Soit un *triple* trou. *Si entre symbolique et réel il n'y a pas de rapport, alors il y faut l'imaginaire.* Telle est la trouvaille de Lacan, inséparable de celle de l'objet petit *a*.

L'enjeu est d'ordre *pulsionnel* avec le fantasme, en tant qu'il y a à faire réponse sur le manque en l'Autre. Quel est le désir en l'Autre ? Le symbolique échoue à y répondre, à ne donner réponse qu'à des demandes de ceci ou de cela. Donc, je réponds au : « Peut-il me perdre ? » par le manque *réel* de mon existence. Mais je n'en meurs pas pour autant : ça relève du comique et d'un « mourir de rire ». C'est ainsi qu'entre le désir du sujet et le désir de l'Autre les objets pulsionnels devenant cause du désir font le *joint*.

Or, ils ne peuvent le faire que par l'*inter-médiaire* de l'imaginaire et de ses béances en jeu dans l'image du corps en tant que troué. Ainsi, le fantasme par son rôle de soutien du désir fait réponse au manque fondamental dans le symbolique, en l'Autre, lieu des signifiants ; en lui se *noue* le désir du sujet à l'Autre. Comment est-ce possible ? Là où le symbolique défaille en ce point de rencontre manquée qu'est le réel, comment est-il possible que l'objet petit *a* dans le fantasme *puisse* devenir le support que le sujet se donne ? Comment *peut*-il le trouver à partir de la vacillation même de sa certitude de sujet, là où en l'Autre le symbolique lui fait défaut ? *Cela ne peut apparaître que dans l'imaginaire* : question de *lieu* (topos) de révélation et de présentation.

Topologie et imaginaire

Lacan en a montré la nécessité un jour, le 7 mai 1969, en relisant une séquence d'une description clinique faite en 1930 par Hélène Deutsch[1]. Il l'a exposée au cours d'un séminaire intitulé justement *D'un Autre à l'autre* pour dire l'importance de ce « virement » du symbolique à l'imaginaire pour qu'apparaisse l'objet petit *a*.

Hélène Deutsch expose l'histoire d'une phobie d'enfance que lui raconte un homme de vingt ans, venu faire une analyse en raison de son homosexualité. Elle écrit :

« Un jour chaud d'été, le petit garçon de sept ans jouait avec son grand frère dans la cour de la ferme où il était né et où il avait été élevé. Il jouait à quelque chose par terre dans une position accroupie, courbée, quand brusquement son grand frère sauta sur lui par derrière, le tint solidement par la taille en criant : « Je suis le coq et toi, tu es la poule. »

C'était visiblement un cas d'agression sexuelle par jeu de la part du frère. Il en résulta une mêlée entre eux, car notre petit ami refusait à tout prix d'être la poule. Il dut néanmoins céder à la force de son frère qui continua à l'étreindre dans la même position ; dans un paroxysme de rage et de larmes, notre sujet hurla : « Mais je ne veux pas être une poule[2] ! »

A partir de ce moment-là, le garçon eut une phobie des poules, ce qui est très inconfortable quand on vit dans une ferme. Deutsch ajoute que cette phobie s'atténuait quand son frère

---

1. Dans *Neuroses and character types*, traduction française : *La psychanalyse des névroses*, Paris, Payot, 1965, pages 79-88.
2. *Ibidem*, p. 80.

était absent, et même qu'elle disparut : « mais alors, ajoute-t-elle, il perdit tout intérêt pour le sexe féminin et devint un homosexuel manifeste ». C'est ainsi qu'à vingt ans, il va la trouver pour une analyse. Or Hélène Deutsch note : « Il se trouva que les poules avaient déjà joué un rôle important dans ses fantasmes, longtemps avant l'expérience avec son frère. Sa mère avait l'habitude de s'occuper en particulier du poulailler et le petit garçon partageait joyeusement ce travail, se réjouissait de chaque œuf frais pondu et il était particulièrement intéressé par la façon dont sa mère s'assurait que les poules pondaient correctement. Lui-même aimait la façon dont sa mère le touchait et lui demandait souvent par jeu quand elle allait le laver, etc., si elle le toucherait avec le doigt pour voir s'il allait pondre un œuf[3]. »

Cette séquence dégage en *quoi* l'épisode du frère, aîné de dix ans, est révélateur : il fait *savoir* au sujet par la nomination du signifiant poule ce qu'il *était* auparavant sans le savoir. Interprétation sauvage, mais juste. D'où : son effet dit « traumatisant » par Hélène Deutsch. A propos de ces deux moments (avant/après 7 ans) distinguons avec Freud les deux types de relation dans lesquels l'être humain est pris : anaclitique *et* narcissique, selon ses propres termes.

1. Il y a d'abord le *rapport* du sujet en son corps réel au *symbolique*, dans la dépendance à l'Autre, lieu des signifiants. Pour le sujet dont parle Hélène Deutsch, là a pris place la mère ; elle est experte en l'élevage des poules et la cueillette des œufs au « bon endroit ». Ainsi, l'enfant trouve sa place *dans* et *pour* la jouissance de l'Autre : place de « poule », non seulement choyée par la mère comme les autres et parmi les autres, mais particulièrement *active* à fournir des œufs fécaux.

C'est le premier temps de la perversion « polymorphe » de l'enfant dans son rapport à l'Autre (la mère, le père, une institution, ou n'importe quoi d'autre). Anaclitisme et perversion ne font qu'*un*. « Poule de luxe ! », dit Lacan[4]. Le garçon se voue et se dévoue en croisé à la jouissance de la mère. Il complète ainsi l'Autre en masquant ce qui dans le statut de

3. *Ibidem*, p. 81.
4. Séminaire du 7 mai 1969 : *D'un Autre à l'autre* (inédit).

l'Autre est de l'ordre du manque. Moyennant quoi, s'inscrit dans le symbolique ce « un » de la marque et du trait : *une poule* (*a hen !*).

Résumons cette relation anaclitique ainsi : le sujet *peut* efficacement agir, mais il *ne sait pas* à quel titre, à quel trait de son être. Un pouvoir sans savoir, parce que sans révélation ni présentation de ce qu'il est.

2. *Mais à l'âge de 7 ans*, on a son cher amour-propre de garçon face au miroir des autres petits hommes : amour dans la relation narcissique. En effet, depuis longtemps à la relation première de dépendance - anaclitique - s'est ajoutée celle d'*hainamoration* du semblable. Dimension imaginaire, selon laquelle se constitue le moi à partir de l'image de l'autre. Le réel de l'organisme corporel s'est doublé d'une image spéculaire. Ainsi, ce garçon vis-à-vis de son aîné de 10 ans plus grand, plus fort, a une relation de compétitivité de petit coq à grand coq.

Est-ce là le tout de la dimension imaginaire ? Non, et c'est là la nouveauté de la dernière position de Lacan : l'imaginaire est le *seul* lieu où peut un jour se révéler le symbolique au sujet, soit ce qu'il en est de son comptage au champ de l'Autre.

L'aîné avait vu bien souvent à la ferme un coq sauter par derrière sur une poule. Il mime cet assaut sur son frère, en y *joignant* la nomination : « Je suis le coq et toi, tu es la poule. » Cela aurait pu être un simple jeu, comme pour d'autres garçons. Or, ce fut d'un grand poids : effet de révélation pour le cadet de ce qu'il était depuis longtemps sans le savoir. Maintenant, il le *sait*. L'aîné a fait mouche en liant cette nomination à la maîtrise de la motricité immobilisant le corps de son frère. Ainsi, la relation imaginaire et duelle est le lieu où *apparaît* l'effet du symbolique *dans* et *sur* l'imaginaire du sujet. Ainsi, une conjonction est instaurée *entre* son image spéculaire de garçon-poule (i(a)) et ce qui la faisait tenir : à la place de l'œuf l'objet petit *a*, comme plus-de-jouir de la mère.

Or, ce rapport entre i(a) et *a* est insupportable. Le garçon hurle : « Non et non ! » Cette négation signe son impuissance : pas une poule ! Il ne peut plus l'être. Renversement de situation : le pouvoir sans savoir est devenu un savoir sans pouvoir.

De cette nouvelle disjonction naît l'angoisse : s'il sait ce qu'il a été, il ne sait pas en revanche comment-y-faire maintenant avec le désir de la mère. Car, autrefois, d'être pris dans sa jouissance à elle, il était alors fermé à la question de son désir, du désir de la mère. Devant ce vide insupportable de la question sans réponse, il se remparde d'une phobie des poules de la ferme : signifiant devenu dévorant (comme la bouche dessinée en noir du cheval pour le petit Hans). A tout prendre, la peur de *ceci* est finalement moins inconfortable que l'angoisse du *rien* de la non-réponse ; avec le ceci, on sait au moins à quoi s'en tenir !

Mais, l'important à voir, en tant qu'il commande la conduite de la cure, est ceci : par le frère, donc au *champ* du narcissisme une question est née, celle de savoir *comment manquer* à la mère. En effet, l'objet petit *a*, soit ce qui peut manquer au champ de l'Autre, s'est montré comme l'*enjeu* même du sujet au champ du narcissisme. Mais, maintenant, cet enjeu ne peut trouver *qu'*au champ de l'Autre une solution qui ne soit pas celle de la phobie : dans la réponse au « comment lui manquer ? » et donc au « peut-elle me perdre ? ». Avant d'en indiquer la voie, reprenons le chemin parcouru selon les schémas présentés par Lacan.

Premier temps

Dans la relation première, anaclitique, le réel de l'organisme corporel est dépendant du symbolique, soit du champ du comptage selon le un numérique du trait unaire. Ce qui s'inscrit est insu du sujet.

Deuxième temps

Le réel n'a pas seulement rapport au symbolique, mais à l'imaginaire en tant que le réel du corps se double d'une image spéculaire *i(a)*, à partir de l'autre, du petit autre. *Mais*, celle-ci ne se constitue pas seulement de l'image de l'autre ; nous l'avons vu avec la nouvelle écriture du stade du miroir. En effet, « l'imaginaire est la place où toute vérité s'énonce » [5], parce que le un du comptage symbolique se *manifeste* en ses effets *dans* l'imaginaire (I).

De quelle manière ? En faisant *apparaître* dans le champ du narcissisme le jeu pervers de l'objet petit *a*, comme enjeu du sujet, pour autant qu'il fait *tenir* son image spéculaire *i(a)* :

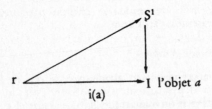

Troisième temps : un imaginaire non narcissique

Peut-on en rester là ? Qu'apporte donc le processus analytique ? Hélène Deutsch ne nous dit rien de la voie selon laquelle « cette analyse se termina par l'hétérosexualité du patient » et non l'homosexualité de départ.

Et pourtant, ce que l'analyse instaure n'est pas ineffable. Ce qui s'indique dans le deuxième temps comme effet dans le champ de l'imaginaire est à *rendre* à sa cause, soit à restituer au champ de l'Autre. Il s'agit en effet de trouer l'Autre de ce trou

---

5. Séminaire du 18 mars 1975.

spécifique (singulier à chaque histoire) que cerne le manque en l'Autre de l'objet petit *a*. Le terme de l'analyse est de *réduire* la structure de grand A à ce qu'elle est : un *en-forme-de* petit *a*, la trouant de par sa chute même (nous verrons comment l'analyste y contribue par sa présence). D'où le titre donné par Lacan à ce séminaire : *D'un Autre à l'autre*.

Cela est impossible sans un retour de l'imaginaire dans le symbolique.

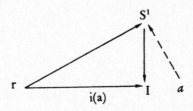

Mais ce retour n'est pas pure répétition. Ce serait encore donner le primat au symbolique. Ce retour est instauration d'un *autre* imaginaire : non-narcissique. L'enjeu en effet est d'*imaginariser* ce trou à partir de ce qui le cerne ; la chute de l'objet petit *a est* la figuration imaginaire du bord qu'il laisse de par sa chute même. Figuration à présenter maintenant.

Chapitre trois

l'imaginaire
de la consistance

> « L'homme dont l'appétit hors de l'imagina-
> tion se calfeutre sans finir de s'approvisionner,
> se délivrera par les mains, rivières soudaine-
> ment grossies. »
>
> René Char.

Imaginer un triple trou, c'est ce que Lacan entr'aperçoit en février 1972. Il y revient à la fin du séminaire *Encore* le 15 mai 1973[1], pour s'y consacrer enfin dans tous les séminaires suivants de 1973 à 1980. Il le présente en passant de la topologie des surfaces et des bords à celle des nœuds : un nœud qui fasse trou par un nouage de trois trous en un seul.

Or, ceci n'a été possible qu'après un long cheminement depuis 1953. En effet, dans les premières années de son enseignement, Lacan face à la confusion des termes de la littérature analytique, opère un travail de « mise en ordre » pour laisser tomber les fausses questions avec les inutiles et décourageantes complexités apportées beaucoup plus pour satisfaire le narcissisme de la petite différence du dit analyste-théoricien que pour permettre la lecture de Freud. Le coup de balai dans l'après-Freud, Lacan l'accomplit par la *distinction* qu'effectue dès 1953 la triple nomination : symbolique, imaginaire, réel. Ces trois noms qualifient ce que Lacan appelle : ordre, fonction, registre, catégorie, dimension[2] et même relation ou rapport.

---

1. *Le Séminaire, Livre XX*, Paris, Seuil, 1975, page 112.
2. Jusqu'en 1972 au moins, date à laquelle Lacan écrit dit-mension.

Cette triplicité permet de préciser ce qu'est la castration (distinguée de la frustration et de la privation), la paternité (père symbolique, père imaginaire, père réel), le phallus, le transfert, la relation analytique, etc. Or, ce frayage aboutit finalement à cette affirmation du 13 avril 1975 : « S'il n'y a pas de trou, je ne vois pas très bien ce que nous avons à faire comme analystes, et si ce trou n'est pas au moins triple, je ne vois pas comment nous pourrions supporter notre technique qui se repère essentiellement à quelque chose qui est triple, et qui suggère un triple trou [3]. » Autrement dit : l'enjeu maintenant est de faire *lien* entre les trois noms propres (au sens de Frege). Pour le gagner, il a fallu d'abord distinguer trois manques : un trou en *chacune* des trois dimensions, pour pouvoir ensuite de ces trous ne faisant qu'*un*, établir une conjonction entre les trois dimensions, soit un *nœud-trou*.

Ainsi, de 1953 à 1975 se fraye un long chemin pour répondre à la question : qu'est-ce que nommer un trou ?

La première avancée concerne le symbolique ; le trou en celui-ci, Lacan le nomme avec Freud *urverdrängt*. Il y a du refoulé irréductible, de sorte qu'il n'y a pas de possibilité d'exhaustion de toute l'histoire d'un sujet dans le symbolique. Or, à ce trou, Lacan trouve une analogie avec le corps en tant que troué d'orifices. Freud les nomme oral, anal ; Lacan ajoute le vocal et le scopique. C'est de là que naît la pulsion. Il y a là quelque chose de comparable entre la béance de l'inconscient (le trou dans le symbolique) et ces orifices. Ainsi, en 1964 : « C'est pour autant que quelque chose dans l'appareil du corps est structuré de la même façon, c'est en raison de l'unité topologique des béances en jeu, que la *pulsion* prend son rôle dans le fonctionnement de l'inconscient [4]. »

Mais, s'agit-il d'une analogie entre le symbolique et le réel, ou entre le symbolique et l'imaginaire corporel ? Si le réel s'appréhende comme rencontre manquée, n'est-ce pas par là « qu'il se trouve le plus complice de la pulsion » [5] ? Ne peut-on

---

3. *Lettres de l'Ecole freudienne*, n° 18, avril 1976, p. 265.
4. *Le séminaire, Livre XI*, Paris, Seuil, 1973, p. 165.
5. *Ibidem*, p. 67.

pas *alors* parler de *réel pulsionnel* ? Lacan le laisse penser jusqu'au jour où il tranche par une nette distinction à partir de 1975 [6].

Les trois impossibles

En effet, Lacan arrive à conclure par la nomination du lien entre le symbolique, l'imaginaire et le réel comme un triple trou : un trou qui se ferme et se serre en un nœud à trois [7]. Avant de montrer de quelle façon, nommons chaque impossible qui fait trou en chaque dimension :

1. *Le symbolique*

Il y a en lui une limite : de l'impossible à dire, nommé par Freud *urverdrängt*. Il n'est pas sans rapport avec ce que Freud a appelé l'ombilic du rêve, de l'*unerkannt*, un impossible à reconnaître. Lacan le formule ainsi : il n'y a pas de métalangage, il n'y a pas d'Autre de l'Autre, et le note par ce sigle : S($\bar{A}$), à lire « signifiant de grand A barré ».

Ce trou n'est pas seulement une limite ou une butée ; il est opérateur en ce sens qu'il est à la racine du langage. De l'*ex nihilo* naît la suite signifiante. De l'impoïétique se produit le poïétique.

Comment ceci s'introduit-il dans l'expérience analytique ? Avec la fonction *paternelle*. Lire analytiquement les deux mythes freudiens sur le Père (d'Œdipe et de *Totem et Tabou*), c'est déchiffrer ceci : si la fonction paternelle est opérante de métaphores du signifiant du désir de la Mère, c'est parce que nul ne peut dire ce *qu'*est l'être-père ; l'appel au biologique ou au juridique n'y change rien : « Le caractère fondamentalement transbiologique de la paternité, introduite par la tradition du destin du peuple élu, a quelque chose qui est là *originellement*

---

6. Sur ce débat, la mise au point de Lacan à Strasbourg, le 26 janvier 1975 ; cf. *Lettres de l'Ecole freudienne*, n° 18, pages 7 à 12.
7. Sur ce pas franchi, voir *Lettres de l'Ecole freudienne*, n° 18, pages 263 à 270 (13 avril 1976), ainsi que le séminaire du 17 décembre 1974 : RSI.

refoulé, et qui resurgit toujours dans l'ambiguïté de la boîterie, de l'achoppement, et du symptôme, de la non-rencontre, *dustuchia*, avec le sens qui demeure *caché*[8]. »

C'est *à partir de* ce signifiant premier originellement refoulé que le sujet se constitue et qu'ensuite viennent à sa place s'inscrire sans fin diverses significations de son histoire.

2. *Le réel*

Il se spécifie de cet impossible : il n'y a pas de rapport sexuel. Impossible entre un X et un Y que s'inscrive un R qui ferait rapport. Il y a certes rapport au phallus, mais il ne fait pas rapport lui-même. Cet impossible s'indique par le fait qu'il ne reste secondairement et faute de mieux, que l'identification aux traits de l'idéal du moi : chacun et chacune de son côté. Mais ce ne sont que masques de comédie qui ne peuvent masquer ce *trou réel* entre les deux sexes. Il n'y a pas de savoir de la jouissance de l'Autre (génitif subjectif) : la jouissance phallique, en tant que sexuelle, ne se rapporte pas à l'Autre comme tel, en son hétérogénéité de lieu, en son hétérité.

Ainsi, ce qui fait rencontre est qu'une femme soit un symptôme pour un homme, et inversement : il n'y a de rapport sexuel qu'inter-symptomatique. Nous avons à savoir faire avec cela, et jusqu'à ce jour, rien d'autre ne pointe à l'horizon...

Lacan faisait remarquer en 1972 : « Il n'y a pas eu besoin du discours analytique pour que — c'est là la nuance — soit annoncé comme *vérité* qu'il n'y a pas de rapport sexuel[9]. »

---

8. *Le séminaire, Livre XI*, Paris, Seuil, 1973, p. 224.
9. *Le séminaire, Livre XX*, Paris, Seuil, 1975, page 17. Par exemple, Gerhard von Rad a pu écrire dans sa *Théologie de l'Ancien Testament*, Labor et Fides, Genève, 1962, tome I, page 34 : « Ce qu'il y a de plus extraordinaire aux yeux de l'historien des religions, c'est la manière dont le culte de Yahvé s'est comporté en face de toute mythologie sexuelle. Dans les cultes cananéens, l'accouplement et la génération étaient envisagés mythiquement comme événements divins ; il en résultait une atmosphère religieuse saturée d'images mythiques sexuelles. Mais Israël n'a pas participé à la « divinisation » du sexe. Yahvé se tenait totalement au-delà de la polarité sexuelle, ce qui signifiait qu'Israël n'a jamais considéré la sexualité comme un mystère sacral. » De même, page 132 : « On s'est représenté Yahvé lui-même comme un

C'est dans saint Paul : « Que les hommes d'un côté, les femmes de l'autre, ce fut la conséquence du Message, voilà ce qui au cours des âges a eu quelques répercussions. » Avec la « vraie » religion, pas de sacralisation du sexe, ni de prostitution sacrée : le divin se sépare du cosmo-biologique.

Mais « la nuance » n'est pas mince : c'est « annoncé comme vérité ». L'analyse, elle, n'a pas de bonnes nouvelles à annoncer. Elle vise au réel et à son *savoir*, qui n'est pas en retour sans effet de vérité. Quel effet, sinon qu'il introduit le hors-sens ? Le réel, c'est strictement ce qui n'a pas de sens ; un sens naît *du* non-sens.

3. *L'imaginaire*

Le corps de l'être parlant ne subsiste pour lui que formant des images, c'est-à-dire tout entier imaginaire. Or comment cet imaginaire prend-il *consistance* d'un ? Non pas, malgré la métaphore de Freud, en tant que « sac », mais à l'inverse par un trou dans l'image corporelle. L'imaginaire a consistance dans la mesure où la castration s'opère, et où il y a moins phallus imaginaire (- φ). Garçon ou fille, peu importe ! Pour chacun le phallus est élidé dans l'image. *A partir de* cet impossible visuel, les divers objets de la *pulsion* — soi-disant prégénitaux, mais il n'en est rien — deviennent le support habituel des comportements humains.

Mais, - comme disait un autre Jacques, Maritain - il y a à distinguer pour unir. Lacan, amené à rendre compte plus avant

---

homme mâle, mais Israël a toujours totalement écarté toute idée de sexualité, de fonction sexuelle créatrice en lui. Compte tenu du monde religieux qui l'entourait, c'est une chose très étonnante, car le culte cananéen de Baal était un culte de la fécondité et célébrait le *hiéros gamos* comme le mystère divin créateur par excellence. Mais pour Israël, la polarité sexuelle était de l'ordre de la création, non la divinité. » Pas de mariage sacré en Israël qui puisse faire *rapport sexuel*.
Cette rupture opérée par Israël n'est pas sans rapport avec celle que Freud a introduite d'avec le jungisme. Sur ce point : Lacan, *Le séminaire, Livre XI*, page 140. Il est frappant de constater comment des chrétiens, en s'appuyant sur Jung pour mieux refuser Freud, déniaient l'origine judaïque de leur christianisme ; en eux le paganisme faisait retour avec Jung. L. Poliakov l'a bien montré dans *Le mythe arien*, Calmann-Lévy, 1971, pages 298 à 304.

de l'expérience analytique, de son processus et de son terme, pose la nécessité de la coïncidence et du nouage de ces trois trous en un seul : seul vrai trou.

L'imaginaire de la consistance

Alors, l'imagination de ce triple trou est présentée avec le nœud borroméen :

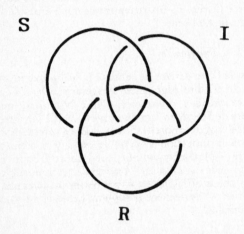

Il est borroméen en ceci : n'importe lequel de l'un des trois anneaux étant coupé, les deux autres sont déliés. Ou encore : chaque anneau se noue à un autre par un troisième. Son nom de borroméen en topologie vient de la famille milanaise des Borromeo (ou : *Buono Romeo*) dont le blason du XVᵉ siècle porte en bas à gauche les trois anneaux noués de cette façon [10].

Autrement dit : il y a *équivalence* du réel, du symbolique et de l'imaginaire en leur circularité fondamentale. Aucune primauté de l'un sur l'autre. Chacun noue les deux autres. Le remarquable du nœud borroméen est là : l'*homogénéisation*

---

10. Le plus connu de la famille est le cardinal Charles Borromée, grand promoteur de la Contre-Réforme.

des trois éléments, de sorte que peu importe la distinction venant de leur nomination puisqu'ils s'équivalent. Reste le 3, le nombre trois. Ainsi, l'effet de sens qui venait des trois noms : symbolique, imaginaire, réel, s'efface et tombe hors du nœud lui-même. De là découle cette étrange conséquence, étrange pour nos habitudes mentales : « Le nœud borroméen en tant qu'il se supporte du nombre trois est du registre de l'*imaginaire* [11]. »

De quel imaginaire s'agit-il ? Non pas de cet imaginaire corporel trop familier, qui en raison de sa dépendance du stade du miroir et de l'image spéculaire, nous donne des *représentations* se situant plus facilement dans un *espace* à plat, à *deux* dimensions (d'où l'évidence, le faire voir, que donne la mise à plat sur le tableau ou sur le papier). Avec le nœud borroméen c'est autrement. Pour en faire saisir la nouveauté, Lacan énonce le terme de *consistance*. La consistance c'est l'un : ce qui fait tenir ensemble, ce qui donne corps. Or, avec le nœud borroméen la consistance n'est ni symbolique, ni réelle, mais imaginaire. Elle n'est pas symbolique, parce que, comme nous l'avons vu, en vertu de l'homogénéisation des trois éléments le sens est externe au nœud même.

La consistance est-elle du réel ? Ce serait faire du nœud borroméen une *représentation* imagée (donc à deux dimensions) *du* réel conçu comme sub-stance (ce qui est en-dessous) qui ferait tenir le nœud en tant que tel et lui donnerait une dimension troisième. La consistance viendrait de la subsistance, le « con- » du « sub- ». Or, le nœud borroméen n'est pas le dehors d'un dedans ni la manifestation d'une essence. Bref, il n'est pas un *modèle* théorique à appliquer à la pratique analytique, un schéma idéal qui ferait lumière (fonction éthique de la *théôria* antique : voir avant d'agir) éclairant la praxis et dont « la distance à l'expérience » [12] vécue serait à réduire asymptotiquement par l'analyste, bon élève.

Le nœud borroméen est du registre de l'imaginaire, parce qu'il n'a de consistance que de lui, en tant que chaque élément *n'est que* rapport aux deux autres. Ce que le symbolique, l'imagi-

<hr>

11. Séminaire du 10 décembre 1974 : RSI.
12. *Écrits*, page 649.

naire et le réel ont de commun, c'est de faire nœud avec les deux autres. Rien de plus, rien de moins. Ainsi, le nœud borroméen ne *consiste* qu'à se supporter du nombre trois : le désir n'a pas d'autre substance que celle qui s'assure du nœud même. Par là s'évapore toute substance, puisque le dehors n'est pas celui d'un non-dedans ; il est une *présentation* qui n'est ni représentation ni analogie. Mais à une condition : que cet imaginaire *lui-même* soit d'un *espace* à trois dimensions, où le dessous-dessus est à respecter à chaque croisement de lignes ; en effet, la mise à plat sur… ne sert qu'à s'accommoder à la débilité séculaire de notre pensée dont l'intuition spatiale est plus à l'aise dans le deux que dans le trois : croix du bon pédagogue !

Ainsi, l'imaginaire qui donne corps et espace au nœud borroméen par le trois est celui de la manipulation, du tressage par la main, qui fait consister un tissu par le serrage de nœuds. C'est à *montrer* : question de *Darstellbarkeit*, disait Freud, de présentabilité, exigence nécessaire en raison de notre débilité à penser et ainsi à atteindre du réel. L'analyste y est soumis comme tout un chacun.

La theôria théologique

Quel est le statut de cette écriture topologique ? Si le nœud borroméen n'est pas un modèle théorique - modèle à lire pour y trouver lumière sur la pratique -, s'il n'est pas le fondement qui donne valeur de vérité au dire de l'analyste, qu'est-il donc ?

Répondre à ces questions nous amène à poser le rapport du *vrai* au *réel*. Pour ce faire, explorons la voie qu'emprunta historiquement, dans notre culture, la théologie du christianisme. En effet, elle fut amenée à figurer un nœud borroméen, antérieurement à la famille des Borromés, de sorte qu'il est permis de penser que celle-ci ne fit que l'emprunter à la théologie même pour ses propres armoiries.

On pouvait voir à la bibliothèque municipale de Chartres, avant l'incendie de 1944, un manuscrit sur lequel furent dessinées quatre figures représentant chacune trois cercles entrelacés de telle sorte qu'il suffit de rompre n'importe lequel d'entre eux pour que les deux autres soient libérés. Ce manuscrit est daté de 1355. Fort heureusement, un siècle avant sa destruction, la première figure fut reproduite dans un ouvrage d'iconographie [13] :

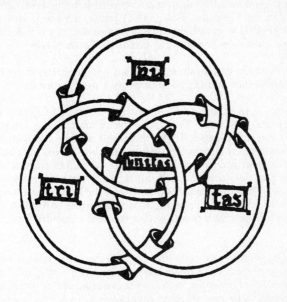

Mais, ce qui est à remarquer, c'est qu'à ce dessin s'ajoute une inscription : au centre le mot *unitas*, et réparties à l'intérieur de chacun des trois cercles les trois syllabes *tri-ni-tas*. Ces mots sont là pour donner *sens* théologique à la figure.

Sans eux, il y a le trop-de-sens de l'énigme ; avec eux, la figure devient un *modèle* théorique. En effet, il y a *à lire*, à déchiffrer un savoir déjà là. Où donc déjà là sinon en cet être qu'est le sujet supposé savoir ? Non plus le Dieu qui parle et vous

---

13. Yves Delaporte, *Les manuscrits enluminés de la Bibliothèque de Chartres*, Chartres, 1929, Ms 233, page 115 ; et M. Didron, *Iconographie chrétienne*, Paris, Imprimerie Royale, 1843, p. 569. Cf. l'indication de J. Lacan dans *Lettres de l'Ecole freudienne*, n°18, p. 265.

nomme en ce « tu es... » de la mission, mais l'Autre, à l'autre bout, que Lacan désigne en ces termes :

« Le sujet supposé savoir, Dieu lui-même pour l'appeler par le nom que lui donne Pascal, quand on précise à son inverse : non pas le Dieu d'Abraham, d'Isaac et de Jacob, mais le Dieu des philosophes, le voici débusqué de sa latence dans toute théorie. *Theôria*, serait-ce la place au monde de la théologie ?

— De la chrétienne assurément depuis qu'elle existe, moyennant quoi l'athée nous apparaît celui qui y tient le plus fort [14]. »

En effet, ce *nœud trinitaire* est une représentation figurant le rapport du Un et du Trois, comme *résultat* d'une longue élaboration théologique. Il est intéressant de voir comment il fut nécessaire, comment des théologiens ont donné au cours des âges cette interprétation nécessaire, à définir comme ne cessant pas de s'écrire. Ce le fut *à partir de* la « révélation christique » [15], soit d'un dit premier, celui des Ecritures sacrées. Partons donc de ce dit premier, pour voir ensuite ce qu'il en est du *statut* de ce nœud trinitaire (borroméen) engendré à partir de lui.

Lacan n'ignorait pas cette théologie-là, ayant pressenti son enjeu : le rapport de la psychanalyse à la « vraie » religion. Pas moyen d'éviter cet enjeu, si l'on ne se contente pas de formules faciles sur l'athéisme de la psychanalyse :

> « Il faut voir ce que la vérité est capable de vous faire faire, disait Lacan. La vérité, mes bons amis, mène à la religion. Vous n'entendez jamais rien de ce que je vous dis de ce truc-là, parce que j'ai l'air de ricaner, quand j'en parle, de la religion. Mais je ne ricane pas, je grince ! Elle mène à la religion, à la vraie, comme je l'ai dit déjà. Et comme c'est la vraie, c'est justement pour ça qu'il y aurait quelque chose à en tirer pour *le savoir*, c'est-à-dire à inventer (...). La voie à suivre, c'est d'en remettre. *Si vous n'interrogez pas le vrai de la Trinité*, vous êtes faits comme des rats, comme l'Homme aux rats [16]. »

14. J. Lacan, « La méprise du sujet supposé savoir », dans *Scilicet*, I, Paris, Seuil, 1968, p. 39.
15. J. Lacan, *Le séminaire, Livre XX*, Paris, Seuil, 1975, p. 98.
16. Séminaire du 8 avril 1974 : *Les non-dupes errent* (inédit).

Le christianisme est la vraie religion en ce qu'il est la fin de toutes les religions, la vérité dite enfin. Ce qu'il y a de mieux, et en cela de pire, là où la vérité mène... jusqu'au bout ! C'est pour cela qu'il n'y a pas à la refuser, mais à en rajouter, pour aller jusqu'au point d'achoppement, et de cet achoppement tirer un savoir. Un savoir sur cet incroyable du Dieu Un et Trine : le Père est Dieu, le Fils est Dieu, l'Esprit est Dieu, *et* il n'y a qu'un seul Dieu. Peut-on se contenter de cet « et » ?

Interroger le vrai de la Trinité, c'est voir d'abord comment s'est opéré le *passage* du dit de la révélation christique à la considération théologique.

Le dit scripturaire de la confession de foi montre :

1. *Un* ordinal *de la révélation*

Selon une économie (οἰκονομία) historique s'ordonne l'ordre des missions divines au dehors dans l'histoire humaine : Dieu le Père envoie *son* Fils qui envoie *son* Esprit. Ces envois divisent le temps en un premier, un deuxième et un troisième, suivant une *progression* irréversible de manifestation visible.

2. *Le un comme* exclusif

Un seul Père, un seul Fils, un seul Esprit.

— Un seul Dieu Père avec le monothéisme juif que le christianisme reçoit. Non pas que les autres dieux n'existent pas. Mais pour son peuple *là où* il parle, il n'y a que lui à écouter et que sa parole qui tienne bon.

— Le deuxième un va également exclure. La promesse messianique est enfin accomplie avec *ce* Fils. Il n'y a *pas d'autre* messie à attendre.

— Le troisième un : un seul Esprit fonde l'unité du corps institutionnel, de l'*ecclesia* ; il définit l'exclusivité de l'orthodoxie.

Trois uns exclusifs : trois fois non, non à deux. Pas-plus-d'un.

3. La désignation des noms premiers

Ces trois uns sont appelés de leurs noms *propres* : Père, Fils, Esprit. Il y a monarchie du Père se subordonnant le Fils qui se subordonne l'Esprit. Et en retour il n'y a de prière qu'adressée *au* Père par le Fils dans l'Esprit.

Or, quel changement va-t-il s'opérer avec le passage du dit d'autorité à la rationalité théologique ? Avec le passage du Dieu qui parle au Dieu dont on parle et qu'on réduit au silence. Ou encore : avec le passage d'un dire-vrai à un savoir sur le vrai.

Au cours des siècles va s'instaurer une écriture *autre* que celle des Ecritures sacrées, à travers des batailles conceptuelles et des violences verbales et physiques, pouvant aller jusqu'au massacre de l'adversaire qualifié d'hérétique par les conciles. Vérité oblige... au nom de la sauvegarde de ses disciples !

La théologie par ses exigences rationnelles héritées de la culture païenne (grecque, puis latine), instaure cette *theôria*-ci : la monstration de la manifestation *temporelle* de la révélation a sa démonstration et son fondement dans sa cause qu'est la nature *éternelle* de Dieu en lui-même. L'extension du pour nous historique vient d'une *in*tension du pour soi intemporel. Ce n'est pas le lieu ici de décrire les différents moments de cette élaboration [17]. Le résultat suffit, soit la transformation des trois affirmations posées ci-dessus :

1. Le cardinal de la connumération

Il se substitue à l'ordinal de la subnumération, grâce à une *ontologie* suivant laquelle le Père est détrôné pour une *égalité* dans l'être des trois, puisque de toujours le Fils est Dieu et l'Esprit est Dieu : chacun est con-substantiel aux deux autres. En effet, pas de lien entre le Père et le Fils sans l'Esprit (contre Arius) ; pas de lien entre le Père et l'Esprit sans le Fils (contre le schisme d'Orient) ; pas de lien entre le Fils et l'Esprit sans le Père (contre les pneumatistes). Les termes du vocable philosophique des Gentils sont d'un précieux secours dans la mise en

---

17. Nous l'avons exposée dans « Note sur la Trinité », article paru dans *Littoral*, n° 5, Abords topologiques, p. 32-44.

œuvre d'une rigueur et d'une précision pour une univocité dans un nouveau langage d'ordre ontologique.

2. *Le un de l'*union

Il se substitue aux trois uns premiers pour poser leur unité de substance (οὐσία) : un « unien », dit Lacan, pour une ontologie de l'amour où être et amour se conjoignent. Il n'y a d'amour que de l'être, pour être plus et mieux, là où l'être et le bien (et le vrai) sont identiques. Et il n'y a d'être qu'amour en tant qu'il est *« diffusivum sui »* : don d'être.

3. *La réduction du nom propre au* commun

Père, Fils, Esprit. A la suffisance première de la nomination, se substitue une interrogation : *qu'*est-ce qu'être-père, être-fils, être-esprit ? Pour y répondre, la voie de l'analogie métaphysique s'ouvre alors... pour aboutir au bouclage de déterminations d'ordre *ontologique*, d'où puisse découler par déduction une définition de la nature de la paternité du 1, de l'engendrement du 2 et de la procession du 3 : 1 + (1 + (1).

Or, quel est finalement le résultat de ce travail théologique ? Le dévoilement de ceci : le dit contingent de la « révélation christique » (Lacan) *n'*est *que* l'expression temporelle d'un être éternel, à la fois Un et Trine, où être et amour se conjoignent. C'est le retour des Gentils triomphant du judaïsme par une onto-théologie. Le dit des Ecritures n'est pas vrai en vertu de l'énonciation de Jésus ; mais c'est l'inverse ; il l'a dit *parce que* c'est vrai, d'une vérité éternelle, nécessaire et ontologique, selon laquelle un est en trois et trois en un. Ce « parce que » fonde le dire de Jésus en sa cause : une *theôria*.

Un mode de nomination

Grâce à ce détour historique sur le vrai de la religion et le savoir théologique qu'elle a engendré, nous sommes en mesure de répondre à la question sur le statut du nœud borroméen. Est-il un modèle *théorique* de la praxis analytique ? Répondre oui, c'est oublier le dire qu'est le discours analytique : « Qu'on dise reste oublié derrière ce qui se dit dans ce qu'on entend »[18]. Oubli au profit d'une ontologisation de la topologie du nœud borroméen, qui ferait de sa présentation une représentation d'être, comme s'il y avait une substance qui supporte le symbolique, l'imaginaire et le réel. Il suffirait de bien-lire (*unitas, tri-ni-tas*) pour de cet appui éclairer ce qu'il y a à dire. La psychanalyse serait notre nouvelle théologie d'aujourd'hui : une psychologie, un discours sur l'âme.

Or, la psychanalyse ne nie pas la théologie pour la remplacer par un autre modèle théorique. Elle en est le négatif, en montrant son envers.

1. Elle ne subsiste que de l'existence d'un *dire* qui fait lien analyste-analysant : dire tout à fait contingent, ne reposant sur aucun modèle ni métalangage. Ce dire nomme le symbolique, l'imaginaire et le réel. Or, l'interprétation analytique « porte d'une façon qui va beaucoup plus loin que la parole »[19].

2. Ce dire a *effet* d'écrit : trace où peut se lire un effet du langage. C'est par cette trace littérale que le symbolique atteint au *réel*. De quelle façon ? Par l'inscription de l'un. Déjà dans une phrase, chaque mot fait chaîne avec un autre, et si une chaîne manque, il n'y a plus de un. Mais plus encore, dans le langage mathématique qui atteint à un réel, il suffit qu'une seule lettre manque, n'importe laquelle, pour que toutes les autres soient dé-liées. Ce un n'a rien à voir avec l'être : un décrochage du vrai s'est opéré avec la mathématisation, « et c'est en quoi elle est compatible avec notre discours, le discours analytique » disait Lacan[20].

La topologie des nœuds est cette écriture du réel : un et trois d'un seul jet. Ainsi, symbolique, imaginaire, réel tombent comme noms propres pour s'écrire trois puisqu'ils s'équivalent, et d'un trois qui fait un, puisque sans le trois le deux ne peut faire un. Or, ceci doit se tenir *de soi-même*, sans univers ni ontologie qui le soutiennent : « Ce qui me tracasse dans le

18. J. Lacan, « L'étourdit » dans *Scilicet* 4, Paris, Seuil, 1973, p. 5.
19. Séminaire du 11 février 1975 : RSI.
20. *Le séminaire, Livre XX*, Paris, Seuil, 1975, p. 118.

Conclusion

le psychanalyste
appliqué au miroir

> « *Socrate laisse Alcibiade mordu par je ne sais quelle étrange blessure.* ».
>
> Lacan, le 14 décembre 1960.

L'enseignement de Lacan du début à la fin fut un débat avec l'imaginaire. Posé d'abord comme tel, en tant que lié au narcissisme du moi, l'imaginaire est ensuite soumis au primat du symbolique, pour revenir différemment lorsque Lacan aborde enfin le rapport du symbolique au réel.

Nous allons voir comment ces trois moments de l'enseignement, en tant qu'ils engagent chacun une certaine pratique de l'analyse, déterminent par le fait même la place de l'analyste. Une place ! Il s'agit en effet chaque fois d'une place à occuper et à tenir.

1. *Avant 1953.* Lacan ne donne pas en 1936 son texte écrit sur le stade du miroir, mais par contre il publie dans l'*Evolution Psychiatrique* un article « Au-delà du principe de réalité », où en trois pages il fait la plus belle description - belle littérairement ! - sur le procès d'une psychanalyse [1]. But visé : le sujet a à *reconstruire l'unité* de l'image qui l'agit et l'explique en sa conduite et ses symptômes. Et comment donc ? Par l'analyste qui par sa parole lui communique le dessin et le portrait de cette image : parole-miroir montré au regard, où le sujet puisse se reconnaître en son être.

---

1. *Ecrits*, p. 83-5.

Ceci n'est possible que si la *personne* même de l'analyste est un écran blanc sur lequel le sujet puisse « imprimer » la trace de l'*imago* qu'il ignore encore. Ainsi, Lacan décrit-il cette personne en termes d'« immobilité » et de « dépersonnalisation ». Il y revient en 1948 : il s'agit « d'offrir au dialogue un personnage aussi dénué que possible de caractéristiques individuelles ; nous nous effaçons, nous sortons du champ où pourraient être perçus cet intérêt, cette sympathie, cette réaction que cherche celui qui parle sur le visage de l'interlocuteur, nous évitons toute manifestation de nos goûts personnels, nous cachons ce qui peut les trahir, nous nous dépersonnalisons, et tendons à ce but de représenter pour l'autre un idéal d'impassibilité » [2].

En effet, puisque le moi a une structure paranoïaque, l'enjeu du processus (nous l'avons décrit au chapitre III de la Première Partie) est « d'induire chez le sujet une paranoïa dirigée » [3] *sur* la personne de l'analyste, quitte à l'étancher à mesure. Or, pour que le sujet ne trouve aucun appui à la paranoïa en l'image de l'analyste, celui-ci doit la réduire à « un miroir pur d'une surface sans accidents » [4]. Remarquons-le, Lacan parle en termes de présentation de surface, à deux dimensions : le moi de l'analyste est un miroir qui montre une surface où ne se reflète rien.

2. *A partir de 1953*, la statue blanche va perdre peu à peu son immobilité comique (comique au sens freudien !). Le commentaire de l'article de Ferenczi sur cette question, intitulé justement « Elasticité de la technique analytique » [5] en fournit l'occasion en 1955. En effet, apathie stoïcienne et immutabilité de la neutralité bienveillante déterminent une distance toujours *égale* de la relation de l'analyste à l'analysant. Maîtrise suprême ! Mais, dit Lacan, « il suffit que la distance soit fixe pour que le sujet sache l'y trouver » [6]. En effet, ce qui compte dans le dire de l'interprétation, ce n'est pas seulement le contenu du dit, mais la place *d'où* il est répondu. Connivence radicale dans la dépendance de cette *place fixe* où l'analyste s'est

---

2. *Ibidem*, p. 106.
3. *Ibidem*, p. 109.
4. *Ibidem*, p. 109.
5. S. Ferenczi, *Psychanalyse 4*, Paris, Payot, 1982.
6. *Ecrits*, p. 347.

boulonné : n'est-ce pas l'idéal de la « bonne mère » chère à Balint, toujours là quand il faut, fidèle à son poste ? L'analyste réalise-t-il la consigne d'un Baden Powel : toujours prêt ?

Certainement pas, dit Ferenczi, préconisant l'oscillation pendulaire entre la chaleur empathique de l'*Einfühlung* et la froideur de l'évaluation de la situation, entre le sourire et la tête de bois. Mais alors, qu'est-ce qui va conditionner le mouvement de cette ligne élastique ? Telle est la question pratique.

La première réponse est celle de la stratégie par la capacité volontaire de changer de masque (*persona*) pour un autre : jeu dramaturgique de l'acteur. Mobilité calculée ! A y exceller, l'analyste assurerait son ultime maîtrise selon ces trois temps : il demande d'être demandé, il fait silence à la demande advenue, il laisse enfin deviner un non qui est un oui et un oui qui est un non. De cette coquetterie (non réservée aux femmes) il ferait un point d'honneur, dans le jeu d'être toujours ailleurs que là où il est attendu. Simagrée sociale !

Ferenczi, quant à lui, désigne une tout autre voie avec une analyse préalable faite « à fond » par l'analyste et ce qu'il en attend : « *une mobilité de sa libido* ». Il ne précise pas plus, ce qui chiffonne beaucoup Freud dans sa lettre-réponse à cet article [7]. C'est de ce point-là précisément, de ce bord férenczien, que Lacan part avec cette question : comment la mobilité de la place que le psychanalyste occupe dépend de la mobilité de sa libido ? Il répond alors en remontant à l'*origine* même de ce que recouvrent les mirages du moi : la réalité mortelle, la déréliction originelle. L'analyste est celui qui par son analyse a opéré la subjectivation de son-être-pour-la-mort, mort comme possibilité à la fois certaine et indéterminée — certaine dans le symbolique, indéterminée dans l'imaginaire (il ne peut dessiner le visage qu'elle aura pour lui, au moment où il sera Autre comme tout le monde). Or, *à partir de* cette subjectivation naît pour lui la possibilité d'être au lieu de l'Autre, dans la surprise du coup par coup. Il peut occuper une place sans savoir à l'avance quelle elle sera : bref, une mobilité

---

7. S. Ferenczi, *Psychanalyse 4*, page 63-64. Fort curieusement, Ferenczi citant la lettre gomme le nom de Freud. C'est ce qui arrive chaque fois que le nom de son analyste n'a pas été réduit à un signifiant quelconque, quoique déterminé.

immaîtrisable, incontrôlable. En effet, sa place dépend non de lui, mais de la *parole* de l'analysant : elle est au lieu de l'Autre.

Et Lacan de conclure : « L'analyste peut donc maintenant répondre au sujet de la place où il veut, mais il ne veut plus rien qui détermine cette place [8] » - ce qui se conditionne de ceci, exigible de l'analyse didactique : « qu'il y ait des sujets tels que chez eux le moi soit absent » [9], grâce au primat du symbolique.

3. Le moi s'est-il donc évaporé, parti en fumée par la vertu du symbolique ? *En 1964*, Lacan tire les cloches du réveil pour celui qui le penserait en rêvant debout les yeux ouverts. Il termine ainsi son séminaire du 24 juin en parlant justement de la pulsion : « L'analyste, il ne suffit pas qu'il supporte la fonction de Tirésias. » A entendre : celle du symbolique. « Il faut encore, comme le dit Apollinaire, qu'il ait des mamelles » [10], soit qu'il se fasse le support de l'objet oral, sans parler des trois autres !

Ce support suppose une présence — présence corporelle. C'est par là justement que devient possible l'expérience analytique : par sa présence, l'analyste prend la charge de se prêter à l'imaginaire de l'analysant et à son image spéculaire. Point d'appui nécessaire, spécifique de la voie analytique, en tant que l'imaginaire (et non l'imagination) y est la *place* de l'amour. Si l'on peut attendre de l'analyse un refleurissement de l'amour, c'est par ce moyen, cet inter-médiaire de l'imaginaire, comme lieu de l'amour [11]. Pour le faire saisir, Lacan raconte une historiole : « Je peux vous dire un petit conte, celui d'une perruche qui était amoureuse de Picasso. A quoi cela se voyait-il ? A la façon dont elle lui mordillait le col de sa chemise et les battants de sa veste. Cette perruche était en effet amoureuse de ce qui est essentiel à l'homme, à savoir son

---

8. *Ecrits*, p. 349.
9. *Le Séminaire, Livre II*, Paris, Seuil, 1978, p. 278.
10. *Le Séminaire, Livre XI*, Paris, Seuil, 1973, p. 243.
11. C'est en cela — et en cela seulement, mais ce n'est pas rien ! — que la psychanalyse diffère de la religion, où l'amour (divin) est dans l'ordre symbolique ; et ainsi celui-ci peut lier l'imaginaire du corps au réel de la mort. Cf. le séminaire (capital) du 18 décembre 1973 : *Les non-dupes errent* (inédit).

accoutrement (…). La perruche s'identifiait à Picasso habillé. Il en est de même de tout ce qui est de l'amour [12]. »

En effet, l'aimant s'identifie à l'image de l'autre, pour de deux ne faire qu'un ; et ainsi l'aimant se voit aimé en cette image ; il croit obtenir ce qu'il voulait : la réciprocité narcissique. Mais, si l'habit aime celui qui l'aime, il n'en reste pas moins un habit. Pas moins… ni plus, qui s'équivalent en ce que l'image *promet* au-delà d'elle ce qui la fait tenir : un corps. Et Lacan de conclure : « ce que *nous* appelons le corps, ce n'est que ce *reste* que j'appelle l'objet petit *a* » [12].

En effet, comme nous l'avons vu avec la nouvelle écriture du stade du miroir, ce qui fait *tenir* l'image c'est un reste, ce qui la troue d'un bord en forme de l'objet petit *a*, pouvant manquer au champ de l'Autre. Moment de bascule : l'amour est la voie qui mène au-delà de son narcissisme, en tant que l'image aimée-aimante de l'autre spéculaire ne tient en sa présentation que de ce qui lui manque, soit la cause et le soutien du désir. Ce semblant d'être qu'est l'habillement de l'image de soi, c'est à lui que s'adresse l'amour. Et pourquoi pas ? Pourquoi prendre ombrage de la servitude de l'amour, *puisque* il y a « affinité du *a* à son enveloppe » [13], soit i(*a*), note Lacan ?

Question qui trouve réponse dans l'analyse. A cette condition : que l'analyste occupe cette place du semblant ? Même pas, ce serait trop dire ; mais plutôt : que l'analysant le mette à cette place, l'y appose, et que *corrélativement* l'analyste y consente et s'y laisse *appliquer*.

Alors, l'analysant pourra de l'image à cette place de semblant faire quelque chose ; concentrant *sur* elle son *acting-out*, il aura à la travailler et à y forer l'objet petit *a*, de sorte que s'opère la *distinction* entre i(*a*) et *a* : fin de parcours. Que reste-t-il alors de l'analyste ? Selon la liste des objets de la pulsion, « insensible morceau à en dériver comme voix et regard, chair dévorable ou bien son excrément, voilà ce qui *de lui* vient à causer le désir, qui est notre être sans essence » [14]. En effet, à la voix à susciter

12. *Le Séminaire, Livre XX*, Paris, Seuil, 1975, p. 12.
13. *Loc. cit.*
14. J. Lacan, « De la psychanalyse dans ses rapports avec la réalité », dans *Scilicet*, n° 1, Paris, Seuil, 1968, p. 58.

en l'Autre, il se tait ; au regard à solliciter *à* l'Autre, il ne voit rien ; aux demandes orales et anales à combler *de* l'Autre, il n'entend rien. D'où l'ultime avancée de Lacan : le moi n'est pas absent, mais il « n'est qu'un trou » [15], parce que le miroir l'est. L'analysant ne le savait pas, mais à terme il le reconnaît en cet analyste-ci qui l'était dès l'origine.

Le retournement de l'image

Nous arrivons ainsi à cette question : comment se fait-il qu'un jour un analysant puisse à son tour être appliqué au miroir *par* quelque analysant, le mettant en position d'analyste ? En raison de son analyse certes, mais il y a à préciser en quoi. « Savoir y faire avec son symptôme, c'est là la fin de l'analyse », disait Lacan [16]. Définition *minimale* : non pas disparition du symptôme, mais modification de son effet, parce qu'en s'y identifiant le sujet le « connaît ». Lacan le répète : « connaître son symptôme veut dire savoir faire avec, savoir se débrouiller, le manipuler » [17]. C'est bien en effet ce qu'on peut attendre au minimum d'une analyse menée assez loin. Par exemple, l'obsessionnel qui se cache, l'hystérique qui se montre, accèdent à leur être-regardé, sans chercher à savoir ce qui est vu. C'est un « mieux se sentir » qui n'est pas un se sentir bien, mais un ressentir plaisir et déplaisir là où auparavant il n'y avait rien : an-esthésie.

1. Cependant cela reste court malgré tout, si ne s'y ajoute pas l'*imaginaire* qui correspond à ce savoir-faire. C'est pourquoi Lacan poursuit ainsi : « Ce que l'homme sait faire avec son image, correspond par quelque côté à cela, et permet d'*imaginer* la façon dont on se débrouille avec le symptôme [17]. » Là est le décisif : un savoir-faire à imaginariser *avec* son image spéculaire. C'est par cette voie que nous avançons d'un premier pas dans la réponse à la question posée : comment se fait-il qu'un analysant opère le passage à la position d'analyste ?

15. Séminaire du 17 décembre 1974 : R.S.I.
16. Séminaire du 16 novembre 1976 : L'insu que sait de l'une-bévue s'aile à mourre.
17. *Ibidem.*

A un certain moment final de *mobilité* de l'image spéculaire —
qui ne va pas sans dépersonnalisation — s'ouvre une voie
nouvelle de retournement de l'image. Lacan a pressenti cela en
montrant que l'homme a une image de soi torique et en
revenant sans cesse dans ses derniers séminaires sur le
retournement du tore à la suite d'une *coupure* opérée sur lui.
Intuition insistante, contraignante, où l'imaginaire topologique
avance en tâtonnant et précède la pensée.

2. *Mais comment s'opère ce remaniement de l'image ?* Tout
d'abord, il se produit à la fin d'une analyse une dépersonnalisation, non au sens d'un déficit, mais d'un franchissement de limite. (Les quelques troubles spatio-temporels qui
peuvent l'accompagner sont transitoires et n'ont pas valeur de
diagnostic). Les avatars de l'histoire, les événements qui se sont
cristallisés en points de gloire ou de honte, s'effacent en tant
que porteurs de signification, d'élévation ou de chute. *Ne-uter*,
ni l'un ni l'autre, : les traits de l'idéal du moi se neutralisent
dans le « il » de l'im-personnel du : il pleut, il fait beau.
L'interprétation analytique est un « tu es cela » où le tu devient
un cela : l'inconscient est un Autre qui n'a pas lui-même
d'Autre bon ou méchant. Ainsi, la dépersonnalisation dé-
compose la « structure paranoïaque du moi ».

De cette « dé-personnaison » naît une *mobilité* de l'image
spéculaire. L'ancienne dépendance rigide de celle-ci à l'égard de
tel ou *tel* autre (que Lacan note i'(a)) se dissout non pour un
repliement égotiste, mais pour un appui successif et momenta-
né à un et un et un... *quelconque* autre.

3. Or, grâce à cette disponibilité l'analysant un jour imaginarise
un savoir-faire *spécifique* avec la mobilité de son image
spéculaire : le lieu de cet *un quelconque qu'est l'autre, il le
devient pour* un analysant éventuel et *par* lui. C'est ainsi que
s'opère un retournement de l'image au champ de l'Autre, au
lieu de ce pacte symbolique qu'est la relation analytique [18].

---

18. Cette modification de l'image spéculaire est effet du symbolique, en ceci : l'analysant(e) passé(e) à l'analyste a réduit le propre
de son histoire au commun, et son nom propre à un signifiant
parmi d'autres. Littéralement s'est opérée en lui, en elle, une
destitution non pas au rien, mais au un quelconque, au n'importe
qui. La nomination « psychanalyste » qu'il (elle) ne refuse pas, ne
fait pas trait de l'idéal du moi.

Comment cette imaginarisation est-elle possible ? Ni par l'autorisation d'une institution, ni par le décret volontariste d'un « moi, je... », mais par une *coupure* dans l'image spéculaire qui sert de pivot, si l'on peut dire, au renversement de l'image. Comment cela se présente-t-il ? De plusieurs façons certes. En voici une parmi d'autres.

Durant la période d'une année environ, certains mots entendus à l'état de veille ou lus dans le texte d'un rêve prennent une intensité particulière [19]. Loin de se relativiser en prenant place dans leur contexte pour y faire sens, ils s'élèvent au statut de signifiants, irréductibles, déliés. Ainsi absolus, ils font énigme de leur trop-de-sens et appellent un lieu de vérité où par le transport de la méta-phore puisse s'engendrer du sens.

Mais, trois fois, quelques semaines après un temps-de suspens et d'inhibition intellectuelle à leur endroit, se forgeait chez le sujet la conviction que dans tel livre précis (recueil de poèmes, dictionnaires) se trouvait un texte leur donnant un sens encore ignoré. Plus encore : que ce texte, il l'avait *déjà* lu. Enfin, dans le souvenir il en voyait le passage avec une vision particulièrement claire [20] parce que ce texte le regardait (au sens de le concernait). Et finalement, chaque fois, quelque temps après, passant à l'acte de chercher le passage dans le livre à sa disposition, il constatait sa méprise : *Vergreifen* du déjà-vu-déjà-lu ! Ce phénomène est une formation de l'inconscient que Freud qualifie d'*Erinnerungstäuschung* [21].

Le réel est ce qui revient à le même place. Trois fois, s'instaure au lieu de l'Autre un texte complet où le savoir sur la vérité serait *déjà* inscrit. Par la *Wiederholung*, chaque fois une faille s'ouvre, là où le texte manque dans le livre : c'est le réel comme rendez-vous manqué, avec la cessation de la recherche indéfinie dans la réalité perceptive qu'est ce livre-ci, ce dictionnaire-là. Ils lui en tombent des mains !

---

19. Ainsi, les trois expressions : point aveugle — c'est la plaie ! — fracture d'un membre.
20. *Überdeutlich*, écrit Freud en trois endroits de *Psychopathologie de la vie quotidienne*, pour qualifier la vision dans ce phénomène de croyance au « déjà vu ».
21. Voir l'article de 1898 sur l'oubli du nom Signorelli. Traduction française dans *La Trans a*, n° 2.

Mais cette perte à la jonction du symbolique et du réel n'est pas sans inscrire le bord de la coupure engendrée par cette perte même. En effet, ce qui est posé là dans cette jonction, c'est le trou dans l'*image du corps* : de son nom de « point aveugle, plaie, fracture ». Ces nominations ne renvoient à aucun signifié, mais dessinent moins petit phi (- φ). Ils imaginarisent le trait de la *coupure* à la rencontre manquée du symbolique et du réel, là où le texte manque. Tel est l'acquis : écriture de l'impossible qui clôt l'attente de sens.

Or, cette coupure est le pivot d'où l'image spéculaire *peut* se retourner. Ce possible (tu peux, donc tu dois, contraire au précepte kantien) définit la *position* de l'analyste. Le texte décomplété au lieu de l'Autre n'est plus là, dehors, devant lui : il en occupe la place par retournement de son image spéculaire, et ainsi l'analysant peut l'appliquer à cette place même.

Parlant de sa mère, Roland Barthes écrit qu'elle « se prêtait » à la photographie ; elle ne s'y refusait pas : ni le retrait de la crainte ni la prestance du m'as-tu-vu-là de celle que son *imago* embarrasse. Et il conclut : « Elle ne se débattait pas avec son image : elle ne se *supposait* pas [22]. » Mot tout à fait juste qui définit cette modification de l'image du corps propre, d'où naît un jour un analyste : l'attitude de celui qui se suppose lui-même est tombée, ce qui permet en retour qu'il *se laisse supposer*... par quiconque !

Le quiproquo

Comment faire avec son image ? Telle est la question posée à cet être parlant qu'est l'homme. L'animal n'a pas ce problème : *Innenwelt* et *Umwelt* font rapport réciproque par l'intermédiaire de l'image du congénère. Pour l'homme il n'y a pas d'adaptation... *à cause du* langage (à ne pas identifier à la parole : les animaux parlent !) qui vient introduire une faille. D'où le mal-à-l'aise.

À son propos, Jean Paulhan dans son *Entretien avec Robert Mallet* (1952), raconte l'histoire de Mina :

---

22. R. Barthes, *La chambre claire*, Paris, Seuil, 1980, p. 105.

« Mina est une fille de roi. Et bien entendu, mal élevée comme toutes les filles de roi. On lui donne tout ce qu'elle veut. De sorte qu'elle n'a jamais le temps d'être malheureuse. Ni, bien entendu, d'être heureuse. Mais un jour, à travers les grilles, elle voit une paysanne qui rit avec son amoureux. Bien surprise. Le lendemain, la même paysanne qui pleure : son amoureux lui a fait un vilain tour. Et Mina, plus surprise encore. La voilà qui saute la grille, et s'en va dans le monde. Elle observe, elle prend des notes, elle arrive à savoir à peu près quand il faut pleurer, et quand il faut rire. Mais elle s'y est mise trop tard, elle ne le sait jamais si bien qu'elle ne se trompe parfois et ne rit quand il faut pleurer. Ça lui fait une vie difficile. J'aime les récits vrais, où le héros fait exactement le contraire de ce qu'on eût attendu [23]. »

Et Jean Paulhan conclut : « On dit parfois qu'un monsieur est capable de tout. Oui. On ne saurait mieux dire : nous sommes tous capables de tout. » Mina ne connaît ni joie, ni peine : elle ne ressent rien, parce qu'elle ne se sent pas. Il y faudrait l'image d'elle-même. Celle-ci lui vient un jour de la vue de l'autre, une paysanne. Surprise : révélation des contraires et de l'alternance des extrêmes, rires et pleurs. Alors le désir du savoir naît en elle : elle regarde partout. Mais c'est « trop tard » : elle se trompe et trompera toujours son monde.

Histoire exemplaire ! Qui n'est pas Mina ? Capable de tout ! Elle croit que la paysanne sait pleurer et rire quand il faut : en voilà une qui est bien appliquée ! Elle le croit. Ainsi « la petite fille que l'on a conduite à Londres admire que les enfants sachent *déjà* parler anglais : « Comme ils s'appliquent ! », dit-elle (Jean Paulhan, *Les Fleurs de Tarbes*). Mina se méprend, comme l'instituteur qui écrit sur le carnet : élève appliquée... *à* quoi ? au cahier, à la copie, au tableau ?

Alors, par comparaison, chez elle ce serait « trop tard » ! Mais, n'est-ce pas ainsi chez tout un chacun, toujours ? Venant d'une discordance de l'imaginaire, originelle et incurable, qui fait que l'on n'est jamais là où l'on est attendu.

Mina, c'est Jean Paulhan lui-même, notre Baltasar Gracián français. Au cours de son service militaire, dit-il, « à la fin des

23. *Œuvres complètes*, Cercle du Livre précieux, 1966, tome IV, p. 474.

manœuvres, quand notre capitaine donna aux élèves officiers ce thème de devoir : « Vous raconterez les grandes manœuvres en insistant sur les défauts d'organisation que vous avez cru remarquer et sur les améliorations qu'il faudrait leur apporter », j'ai écrit la dissertation, en expliquant que j'avais trouvé des grandes manœuvres extrêmement intéressantes, que je n'étais pas du tout venu à la caserne pour améliorer l'armée et que tout m'avait paru parfaitement organisé... On a vu dans ma copie une manifestation d'antimilitarisme (...). Je ne suis jamais devenu officier [24]. »

L'élève J.P. est « appliqué » *par* ... l'armée ... *aux* manœuvres. Ni pour, ni contre l'armée, sans elle et pourtant sans refus, il se laisse appliquer, moyennant quoi en retour il surprend.

En 1914, il part à la guerre, y est blessé et écrit sur son lit d'hôpital *Le guerrier appliqué* [25]. Première édition en 1919 : les anarchistes l'applaudissent ; deuxième édition en 1930 : c'est le tour des patriotes à tous crins de s'y reconnaître. Ce guerrier-là ne s'applique pas, mais il est appliqué par chaque lecteur ; il est un « traumatisé du malentendu » [26].

Qu'est-ce qu'une applique ? Une étagère, une console, un lampadaire, apposé *sur* le mur, mais d'un sur qui est un contre. L'être humain, parce qu'inadapté, ne s'applique pas de lui-même à ceci ou à cela. Il est plaqué par l'Autre *contre* une image, comme Eve pour Adam au dire de la Bible : une aide contre lui... dans l'*hétérité* !

Tel le psychanalyste : il est appliqué au miroir par un analysant, et en réponse, de ce collage à la Matisse se trace sur la toile la figure du contour

« de l'absence de toi qui fait sa cécité » (Aragon, *Contre-chant*).

24. *Ibidem*, tome I, p. 306.
25. Réédité par Gallimard dans la collection « L'imaginaire ».
26. Comme disait Lacan de lui-même le 10 juin 1980.

Index

TERMES DE FREUD EN ALLEMAND

INDEX ALPHABÉTIQUE

IMPRESSION : NORMANDIE ROTO IMPRESSION S.A.S. À LONRAI
DÉPÔT LÉGAL : AVRIL 1995. N° 22864-6 (124186)
IMPRIMÉ EN FRANCE